자유롭기도 불안하기도

자유롭기도 불안하기도
회사 밖에서 일하고 있습니다

이가희 지음

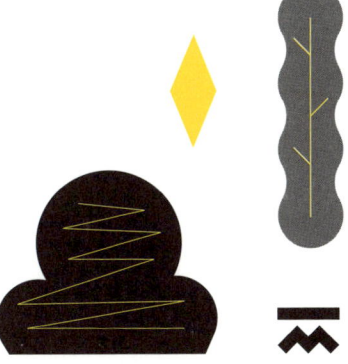

프롤로그
회사 밖에서도 잘 살고 있습니다

2013년 7월, 회사를 나와서 가장 처음 한 일은 필리핀 세부로 열흘 정도 여행을 떠나는 것이었습니다. 버킷리스트 중 하나인 스쿠버다이빙 자격증을 따기 위해서였죠. 즐겁게 놀고 돌아와 바로 다음 주에 사무실로 출근했습니다. 당시 서울시 '청년 창업 지원 사업'으로 얻은 사무실이었습니다. 원래 상가용으로 지어진 작은 사무실 한 개를 네 팀이 쪼개어 쓰는 형태였지만요. 나의 첫 사무실이 있어서 얼마나 감격스러웠는지 모릅니다.

퇴사하자마자 거의 곧바로 출근을 한 셈입니다. 네. 맞습니다. 저는 퇴사 후의 일을 미리 준비해두고 회사를 나왔습니다. 지금이야 퇴사가 그리 특별한 일은 아니지만, 그때만 해도 그렇지 못했던 시절이었습니다. 주말에 창업 동아리 선배들과 모여 앱을 기획하고 개발했습니다. 당시 일요일마다 '토즈'에 모여 게임을 개발한 '선데이 토즈'라는 회사가 '애니팡'이라는 게임으로 대박을 냈습니다. 우리는 그들 부럽지 않게 앱 서비스로 대박을 낼 야심을 가졌습니다. 하지만 좀체 속도가 나지 않았습니다. 제가 회사를 나가 대표를 맡고 개발과 투자를 이끌면 더 빨라질 거라고 생각했습니다. 게다가 첫 번째 사업계획서로 쓴 지원 사업에서 소정의 사업비(월 50만 원 정도였습니다.)와 사무실을 지원받았고, 대기업에서 잘나가는 개발자 코파운더들이 개발을 해주고 있으니, 정말 철저한 준비가 되어 있다고 생각했죠.

당연히 아무것도 계획대로 되지 않았습니다. 사업을

해보기 전에는 사업이 망하면 패가망신하는 줄 알았습니다. 하지만 더 무서운 것은 아무 일도 일어나지 않는 것이었습니다. 사업은 잘되기도 힘들지만 망하기도 힘듭니다. 내가 뱉은 말이 무서워, 실패자가 될까봐 포기하지도 못하고 금방 시간이 흘러갔습니다.

저는 흔한 창업가의 루트에 접어 들었습니다. 두어 달이면 소진해버릴 시드머니를 투자받겠다고 법인을 세웠고, 다섯 명의 동업자와 지분을 나누고, 어렵게 오픈한 서비스에는 아무도 들어오지 않았습니다. 기능이 부족하기 때문이라고 생각해 계속 개발을 진행했습니다. 지원 사업을 받아 사람을 더 뽑고, 부가세와 각종 운영비를 충당하기 위해 창업 융자를 받았지만…. 결국 동업자들과는 안 좋게 헤어지고 지분 문제로 마음이 상하고. 사용자도, 투자자도, 매출도 없이 야속하게 3년 정도가 흘렀습니다.

2016년 4월, 일은 뜻밖의 곳에서 터졌습니다. 우리 서비스를 알려보겠다고 안 해본 일이 없는데, 그중 하나가 '책 읽어주는 라이브'였습니다. 월-목 매일 밤 10시 30분부터 30분 동안 '책벌레'라는 페이스북 커뮤니티의 힘을 빌려 매일 밤 라이브로 책을 읽었습니다. 마크 저커버그가 라이브 스트리밍에 꽂혀서 페이스북 라이브 기능을 밀어줬고, 제 목소리는 그 물살을 타고 퍼졌습니다. 한번 라이브를 하면 동접이 몇 백 명, 조회수는 1만~5만이 나왔습니다. 그때 저는 살면서 처음, 제 목소리가 제법 좋다는 사실을 깨달았습니다. 하지만 라이브는 시청자들과 소통을 잘하고 쇼맨십도 있어야 하는데 그게 저의 체질에는 잘 맞지 않았습니다.

1년이 지난 시점에 '책읽찌라'라는 페이지를 새로 개설하고, 페이스북에서 소비하기 좋은 3분 형태의 책 요약 영상을 제작해 일주일에 한 두개씩 배포하기 시작했습니다. 이때 유튜브에도 동시에 올리고 있긴 했지만, 유튜브보다는 페이스북에 더 집중했죠. 당시는 누구나 페이스북을 하는 시대였으니까요. 그때 해외에는 '북튜버 Booktuber'라는 단어가 등장하기 시작했습니다. 한국에는 책을 소개하는 유튜버가 아무도 없었습니다. 그래서 저는 스스로 '대한민국 1호 북튜버'라고 칭하기 시작했습니다. 북튜버라는 키워드는 그 자체로 매력 있었습니다. SBS 〈8시 뉴스〉와 〈조선일보〉, 무수한 잡지 등에서 인터뷰를 당하기(?) 시작했습니다. 정말 생각지 못하게 화제가 되었습니다. 소소한 화제였지만, 제 삶에는 중요한 파장이었죠.

하지만 그 당시 창업자로서의 제 삶은 나락에 빠져 있었습니다. 융자를 모두 긁어 쓰고 월급을 줄 여력이 없어 모든 직원을 내보냈고, 몇몇 퇴직금마저 밀리고 있었죠. 서비스의 버그 수정조차 어려웠습니다. 사실 유튜버를 전업으로 한다는 것은 자존심이 상했습니다. 이러려고 회사 나온 게 아니었으니까요. 지금 생각해보면 당시에는 친구들과 전 회사 동기들에게 유튜버라고 말하기가 부끄러웠던 것 같습니다. 그럼에도 별다른 방법은 없었습니다. 카드 값에 허덕이고 있을 때, 출판사로부터 광고가 밀려들어오기 시작했습니다. 다행히 앞서 개발한 서비스를 인수해줄 분도 만났습니다.

저는 그렇게 창작자 그리고 프리랜서로의 길에 접어들었습니다. 열심히 유튜브에 콘텐츠를 만들어 올리기 시작했습니다. 처음에는 일주일에 두 편씩 올렸기 때문에, 책 읽고 글 쓰고 촬영하고, 편집을 맡기고, 릴리즈하고, 돌아서면 다시 책을 읽었습니다. 화제가 됐던 처음과 달리, 시간이 지나자 조용해졌습니다. 그 사이 많은, 정말 수많은 북튜버가 등장했습니다. 블로그에 리뷰를 올리는 이상도 이하도 아닌 일이 되었습니다. 그럼에도 제 삶은 여전히 바쁜 쳇바퀴를 굴려야 했습니다. 책 읽고, 글 쓰고, 촬영하고, 편집하고, 릴리즈하고, 다시 책을 읽는 일상은 멈출 줄을 몰랐습니다. 정신을 차려보니 6년이 흘러 있었습니다.

책 광고는 처음에는 잘 작동했으나, 시간이 지날수록 효과가 떨어져 광고모델을 접었습니다. 하지만 다행히 그간 뉴미디어 영상에 대한 수요가 점점 커져, 유튜브 영상과는 별개로 교육 콘텐츠 분야에 영상을 제작해서 제공하거나 그 외 영상 용역을 제법 수행하게 되었습니다. 그래서 지금은 영상 제작업을 주로 하는 작은 소상공인이 되었습니다. 매출이 조금씩 늘다가 줄어들기를 반복하면서 매일 장부를 바라보고 손익을 셈하고 있죠.

회사를 나온 지 만으로 10년입니다. 지금까지 딱히 이렇다 할 성과는 없습니다. 돈은 많이 벌었느냐고요? 글쎄요. 보험 앱 '시그널'에서 그간의 급여 추이를 조회해봤는데요. 지금은 입사 동기들보다 더 벌지 모르지만, 그동안의 골짜기가 정말 너무 깊어서 만회하려면 몇 년은 더 벌어야겠더라고요. 게다가 저는 매번 새로운 일을 벌여 돈을 다 탕진합니다. 돈이 조금 모이면 영혼까지 끌어당겨서 북카페를 차리고, 웹소설 출판사를 내고, 이번에는 종이책 출판사도 냈습니다. 모두 새로운 사업에 들이붓는데 회수는 잘 안 돼서 내 주머니는 항상 헐빈합니다.

그럼 시간은 많냐고요? 퇴사한 후에는 1년에 3~4주 정도 여행을 질렀어요. 히말라야 ABC트레킹도 다녀오고, (완주는 못했지만) 산티아고 순례길도 다녀왔습니다. 글로벌 IR하겠다고 상해에서 한 달을 살기도 하고, 샌프란시스코에 3주 정도 머물기도 했어요. 여행 한번 갔다하면 쿨하게 하던 일 접고 가버리는 것. 프리랜서의 특권인 것 같아요. 근데 이제 나머지는 평일이고 주말이고 일을 합니다. 특히 여행 앞뒤로는 울면서 일을 해요. 집에서 엎어지면 코 닿을 데 있는 사무실에 출근은 10시 쯤 하지만, 퇴근 시간은 없습니다.

이렇게 늘어놓고 보니 참 별로인데요. 시간을 10년 전으로 돌려 2013년으로 간다면, 저는 다시 회사를 나올까요?

네. 일말의 망설임 없이 나올 겁니다.

회사를 나와 1년 정도 지났을 때였어요. 공덕에 있는 서부 지방법원에 법인용 인감증명서를 떼러 가는 길이었습니다. 높은 오피스 빌딩 사이에서 점심 먹고 복귀하고 있는 양복맨들을 보는데, 드라마에서처럼 갑자기 바람이 제 이마를 깠습니다. 자유의 바람 같은 것이었어요. 어디에도 귀속되지 않고, 내가 내 시간과 공간을 제어할 수 있는 그 순간이 격하게 벅차 올랐습니다. 그 순간의 하늘과 공기와 온도를 평생 잊지 못할 것 같아요.

내가 하고 싶은 일을 선택하고, 분투하고, 내가 책임을 지는 일말의 모든 과정을 사랑합니다. 물론 돈을 버는 일은 대개 고되고 뜻대로 되지 않지만, 내가 하겠다고 결심한 이상 누구도 탓할 수 없는 오롯이 내 일임을 좋아합니다. 내가 잔뜩 벌여놓은 일을 주워 담는 것에 중독돼 있습니다. 무엇보다 좋은 건, 좋아하는 사람과 좋아하는 일을 맘껏 할 수 있다는 사실입니다. 돈을 더 벌더라도, 워라밸이 있고 안정된 삶을 확보할 수 있더라도, 지금의 자유를 반납하고 싶지는 않아요. 저는 지금 할 수 있는 한 가장 찐하게 삶을 살아가고 있습니다.

아마 이 순간에도 많은 이들이 저처럼 불안과 자유와 함께 살아가고 있고, 앞으로 이를 선택하는 분들이 더 많아질 거라고 생각합니다. 회사 밖에서 어디에도 속해 있지 않고 오롯이 자신의 삶을 살아내는 이들에게 저도 여기에 함께 있다고 말하고 싶어, 이 책을 씁니다.

2022년 겨울
이가희

차례

프롤로그
회사 밖에서도 잘 살고 있습니다 ······················· 005

1장
유튜버가 직업일 때 생기는 일
그냥 해야 하는 것들을 해야 하는 날들 ················ 021
되지 않는 유튜브, 계속 하는 게 맞나요? ··············· 027
내 손가락은 얼마짜리일까 ························· 034
손으로 똥을 싸고 있는지도 모르겠다 ················· 046
나는 댓글이 무섭다 ······························· 055
훈수에 대처하는 창작자의 자세 ····················· 061
'이 일'을 언제까지 할 수 있을까 ···················· 067
관심 받으면 살짝 숨는 관종, 바로 접니다 ············· 073
내 돈 주고 안 읽을 책들을 읽어보았다 ················ 079
우리 딸이 유튜버인데 말이야 ······················· 087
내 은퇴는 내가 정한다 ···························· 094
중요한 건, 1등을 안 해도 된다는 사실 ················ 100

2장
내가 그만두지 않으면 평생 다닐 수 있는 회사
멋지기는 개뿔 ··································· 111
콘텐츠 해서 먹고 살 수 있습니까 ···················· 118

내가 이것을 왜 해야 하는가	127
아트와 비즈니스 사이	135
건강보험료와 원천징수	143
나의 동료가 되어 달라고 외쳤다	149
80점짜리 성과에 대하여	155
당신을 지켜주는 아주 작고 견고한 규칙	162
글쓰기가 밥 먹여주나	168

3장
오랫동안, 건강하게, 먹고 살 걱정 없이

매일 같은 일에 정성을 다할 때 오는 것	179
루틴 미션 끝판왕으로 살아보았다	185
이렇게 살다가 결혼은 할 수 있을까	190
한참 영양제 찾을 나이	198
배꼽친구가 필요한 이유	204
가슴이 두근거릴 땐 우황청심환	210
요즘요? 완전 안 바빠요!	218
지금 내가 할 수 있는 것을 합니다	225
죽도록 이기고 싶은 연경신	230
꾸준함이 모든 것을 이긴다는 말의 진짜 뜻	237
꼭 뭐가 돼야 하는 것은 아니니까	243

에필로그

오늘도 자유와 불안 사이를 오가는 멋진 당신에게	249

1장

유튜버가 직업일 때

생기는 일

그냥 해야 하는 것을 해야 하는 날들

밤 여덟 시, 종일 좌판을 두드리느라 꼬질꼬질하게 낀 기름을 세수로 지우고 화장을 새로 한다. 색조보다는 음영이 짙고 눈코입이 "나 여기 있어요." 하고 호소하는 강한 화장. 낮에 원고 수정에 촬영까지 끝내고 저녁에는 화이트와인에 참치회를 먹을 예정이었는데, 왜 원고는 읽을 때마다 수정할 곳이 보이는지. 결국 밤이 깊어서야 촬영을 시작하는 나를 원망한다.

머리에 물을 뿌려 드라이까지 마치고 옷을 다시 갖춰

입고 나면, 스튜디오로 만든 작은 방으로 건너가 카메라 셋팅을 시작한다. 까만 배경지를 내리고, 카메라 두 대에 배터리와 SD카드를 넣어 삼각대에 장착한다. 조명 네 개를 켜고, 정면과 측면의 프레임 안에 내가 잘 들어오도록 의자에 앉아서 액정을 살피고, 다시 카메라로 가서 각도를 조정하고 다시 앉아보기를 몇 차례 반복한다. 카메라 앵글에 나를 맞추고 나서 간이 프롬프터를 셋팅하고 오디오 녹음기를 따로 갖추고 혹시 립스틱이 이에 묻지 않았나 확인하고 카메라 두 대와 녹음기의 버튼을 누른다. 그리고 박수를 친다.

나는 이 시간이 세상에서 가장 외롭다. 누구에게 도움을 받는 건 사치다. 5년 동안 혼자서 천 번도 넘게 했을 일. 원맨쇼 직전 화장을 그리는 조커가 이런 기분이었을까. 촬영에 집중을 하지 않으면 무언가 빠뜨리기 쉽고, 또 다시 찍어야 되건만 이 순간 나는 생각이 많아진다. 난 누구고, 여긴 어디인가. 콘텐츠를 만드는 일이 이럴 줄 알았으면 시작했을까. 뒷단의 이런 '짜치는' 일들이 무수히 반복된다는 걸 알았다면 과연 이 일을 시작했을까. 모르니까 시작할 수 있었을 거다. 무엇이 도사리고 있는지 몰랐으니까.

어느 일이나 그렇겠지만, 막상 시작해보면 1%의 멋짐과 즐거움이 있고, 9%의 좌절과 역경이 있고, 90%의 하찮고 짜치는 일들이 있는 게 아닐까. 이런 일은 수없이 반복하면 시간을 좀 단축할 수는 있다. 실수를 좀 덜 수도 있다. 하지만 안 할 수는 없다. 무언가를 완성하기 위해서 반드시 해야만 하는 일. 그런 일상이 나의 일과의 대부분을 차지한다. 알면서도, 짜치는 일들에 발목을 잡혀 허덕이는 날은 자존감이 떨어진다. 그때, 버락 오바마의 자서전 《약속의 땅》에서 (책의 요지와는 별개로) 생각지도 못한 구절에 뼈를 맞는다. 오바마의 외할머니는 이런 말을 했다.

"때론 그냥 해야 하는 것을 해야 한단다."

그녀는 가족들의 반대에도 무릅쓰고 사랑하는 사람과 결혼하여 하와이에 정착했다. 하와이의 은행 간부까지 승진하면서 많은 주민들의 사업과 가계경제를 도왔지만, 실은 그녀의 꿈을 이루기 위해서가 아니라 또 이웃을 돕기 위해서가 아니라 가족들을 먹여 살리기 위해서 그냥 해야 할 일을 한 것뿐이었다.

오늘날 우리가 사랑하는 대부분의 스토리는 성공담이다. 자라면서 꿈과 희망, 자수성가와 같은 가치가 중요하다고 배웠다. 꿈은 곧 직업이었고, 특히 나는 더욱이 대기업에 가서 기계처럼 일하는 것으로는 나의 정체성을 실현할 수 없다고 생각했다. 하지만 꿈을 향해 맹목적으로 달리던 나는 문득 의심하게 됐다. 꿈을 향해 달려가고 거기에서 만족하는 성취를 이뤄야 하는 것 역시 주어진 메커니즘, 혹은 타자의 욕망이 아닐까. 열심히 한다고 모두가 성공하는 것도 아니고, 성공하지 않았다고 열심히 하지 않은 것도 아닌데.

성공 서사는 나머지 평범한 삶과 일상의 가치를 묵살해버린다.《제인 에어》,《오만과 편견》같은 고전 소설들 속 여성들을 보면 전혀 선택지가 없는 삶이었지만, 오늘날의 잣대로 그 인생의 가치를 폄하할 수 있을까. 소설은 그 시대에도 삶에 최선을 다하고 고뇌했던 오래 전의 나 같았던 젊은이들을 보여준다. 결국 성공이라는 가치를 제거하고, 꿈과 목표를 제거하면 인생에는 무엇이 남을까. 오늘날은 그 가치가 거의 언급되지 않는 '소명' 같은 것 말이다.

의식의 흐름이 여기까지 미치자 정신을 차리고 다시 촬영을 시작한다. 촬영 전에 낮아진 자존감은 빨간 불과 동시에 사라지고, 큰 손짓과 자본주의의 미소로 가득한 내가 남는다. 신 나서 내 스크립트를 연기한다. 잡음에 예민한 지향성 마이크를 쓰고 있는데, 그때 '부왁' 하고 남편의 방구소리가 들렸다. 다섯 편을 촬영하는 내내 '부왁' 생각에 웃음이 났다.

소명을 가지고 일한다는 것은 어쩌면, 최선을 다하지만 성공하지 않아도 괜찮은 하루를 보낸다는 게 아닐까. 결국 촬영을 끝내고 늦은 밤, 나는 와인에 참치회를 먹었다. 해야 할 일을 마치고 먹고 싶은 음식을 먹을 수 있다니. 꽤 괜찮은 하루였다.

되지 않는 유튜브,
계속 하는 게 맞나요?

이상하다. 처음 영상을 만들 때는 하나도 힘이 안 들어갔던 것 같은데. 하면 할수록 지치고 힘이 든다. 시지프스의 돌처럼 매주 따박따박 돌아오는 (실은 아무도 시키지 않은) 주기를 맞추는 일은 어찌나 그렇게 힘이 드는지. 나는 점점 더 열과 성을 다하여 영상을 만드는데 왜 조회수는 점점 더 뒤로 가는지. 사람들이 보지 않을 영상을 애써 만드는 일을 이렇게 계속해도 되는 건지 하루에도 수십 번 자문한다.

나만 그런게 아니다. '브런치'에 글을 연재하는 남편 역시, 자발적 글쓰기 노동에 이따금 회의를 품는다.

사람들의 욕구를 건드리는 소위 '어그로'성 게시물은 조회 수가 빵빵 터지는데, 본인의 전문성을 살려 공들인 글의 반응은 상대적으로 고요하다. 그나마 빵빵 터지던 조회수도 플랫폼이 성숙기에 접어들고 창작자가 많아지면 성과가 주춤한다.

한동안 유튜버는 하나의 업이 되어 확실한 생계 수단이 되는 듯 했다. 하지만 시간이 지나고 시청자의 증가율보다 창작자의 증가율이 높아지고, 방송국까지 과거 방송 클립을 들고 가세하면서 모두의 파이가 줄어들었다. 발을 담그다 못해 두 발을 푹 적셔버린 창작자들은 저마다 크기는 다르지만 비슷한 정체기를 겪어야 했고, 불투명한 미래에 불안했을 것이다. 나처럼 작은 규모의 채널이라면 한 번쯤은 고민했을 것이다. 되지 않는 유튜브, 계속 해야 할까.

그런데 유튜브를 세상 쉽게, 물 흐르듯 하는 이들도 있다. 바로 아이들이다. 초중등 아이들은 누가 가르쳐주지 않아도 자기 채널을 만들고, 영상을 올려보기도 한다. 초중생 친구들에게 종종 강의할 기회가 있는데, 쉬는 시간에는 어김없이 아이들이 제 채널을 들고 와 보여줬다. 수줍은 친구들은 내 유튜브 계정에 찾아와 댓글로 남겼다. "쌤, 저 오늘 수업들은 XX초등학교 ○○인데요, 구독하고 가요." 아이들의 계정엔 몇 편의 유튜브 영상이 올라와 있다. 거의 게임 방송이었지만, 어른의 도움 없이 스스로 만든 방송이었다. 시청자들에게 말을 건네고 진행하는 모습이 어찌나 자연스러운지. 나는 참 어렵게 해내는 영역인데 말이다. 돌이켜보면 내 청소년 시기에 그것은 주로 블로그였다. 'Daum 아고라'였던 적도 있었고, 대학생이 돼서는 싸이월드에 주접을 떨었다. 나는 8컷 만화 같은 것도 종종 그렸는데, 창작이나 콘텐츠였다기보다는 그저 '놀이'였다.

요즘 아이들에게 유튜브 영상은 놀이이자, SNS 포스팅의 하나일 뿐이다. 유튜버로서 성공하지 못한 나는 유튜브를 업으로 삼는 건 언감생심이다. 물론, 가능하다면야 '유튜브만' 하고 싶기도 하다. 사람들이 좋아할 만한, 또 가치 있는 얘기를 만들고 소통하는 데만 집중하고 싶다. 그것만으로 생계가 해결된다면 얼마나 좋을까. 30만 구독자쯤 되면 가능할까(그렇지도 않은 것 같다). 그래서 나는 미처 전업 유튜버까지는 생각해보지 못했다.

그럼에도, 지금이라도 유튜브를 해도 될지 물어보는 이들에게 나는 꼭 하기를 권한다. 첫 번째 이유는 유튜브야말로 내 커리어의 '레버리지'이기 때문이다. 어떤 일을 하던 유튜브는 당신의 확성기가 되어줄 것이다. 유튜브뿐만 아니라 브런치나 인스타그램 같은 다른 플랫폼도 도움이 된다고 생각하는데, 개인적으로는 '콘텐츠'라는 관점에서 운영하는 것을 추천한다. SNS로써 잘 운영하는 것도 좋지만, 누가 볼 거라고 특정 타깃을 상정하고 만들면 그때부터는 콘텐츠가 된다. 그리고 내가 하는 일에 대해서, 혹은 내가 잘 할 수 있는 것에 대해서 얘기한다면, 구독자가 많지 않더라도 해당 분야에 대한 브랜드를 확보할 수 있다.

몇 년 동안 숱하게 보아온 현상이다. 나의 최애 '슈카'님은 기업과 경제를 계속해서 시원하게 풀어낸 덕에 넘을 수 없는 권위자가 됐다. 문학동네의 '편집자k'님은 책 이야기와 책 만드는 이야기를 들려주면서 사랑받았다. 나의 첫 직장동기인 현경민 저자는 IT현업 전문가들의 모임인 '커넥팅랩'을 통해 매년 IT트렌드서를 발간하고 있다. 어떤 얘기를 계속 꾸준히 한다면, 그 얘기가 필요한 자리에 누군가는 당신을 찾게 된다. 하지만 내가 얘기하고 싶은 분야에 막강한 인플루언서가 있고, 이미 어느 분야로 들어가도 내가 잘 될 여지가 없어 보인다면? 그래도 하길 바란다.

이는 두 번째 이유와 관련이 있는데, 10년 전 나의 선배가 들려준 얘기다. 그 때는 트위터가 공전의 히트를 쳤고, 그 선배는 트위터 초반에 기업 트위터를 성공적으로 운영하여 한 획을 그었다. 강의에서 같은 질문을 받을 때마다 선배는 답했다.

"지금 트위터를 하셔야 다음 SNS 트렌드에서 기회를 잡습니다."

실제로 그랬다. 트위터 뒤에는 페이스북, 인스타그램이 나왔고, 유튜브 뒤에는 틱톡이 대세로 떠오르고 있다. 유튜브를 장악한 스타는 아프리카 TV에서 라이브로 단련된 분들이다. 대도서관, 도티가 그랬다. 나는 책읽기 라이브를 하기 전에 팟캐스트와 카드 뉴스, 인터랙티브 텍스트 콘텐츠를 시도해봤다. 누구에게도 파장을 주지 못한 일들이었다. 그럼에도 나는 새로운 서비스를 써봐야 직성이 풀려서 나왔다 하면 바로 한 번씩 써봤다. 그중 저커버그 형의 야심찬 시도였던 페이스북 라이브 기능이 나에게 잘 맞았고, 나를 여기까지 끌고 왔다. 그 이후로 여러 서비스를 깔짝거려 봤지만, 클럽하우스, 틱톡 모두 나에게는 잘 맞지 않았다. 제페토와 로블록스에서는 앞으로 점점 더 서비스에 적응하기 쉽지 않겠다는 예감이 들었지만, 그래도 유튜브를 꾸준히 하면서 새로운 기회를 호시탐탐 엿볼 예정이다. 다음 시대의 확성기에 잘 올라타야 하니까.

한 가지 확실한 것은 특히 온라인 콘텐츠만큼은 항상 재미있게, 가볍게 시작했을 때 예상치 못한 좋은 반응이 있었다는 것이다. 타깃과 전략을 가지고 작정하고 덤빈 것에서는 별 재미를 보지 못했다. (전략적 접근에 대한 나의 부족함을 인정하려니 마음이 쓰리다.)

'다음은 어떤 플랫폼에 어떤 콘텐츠를 공략해야 할까' 이런 고민을 하는 것은 그래서 다소 공허하다. 그점에서 나는 파타고니아 창업자인 이본 쉬나드의 띵언을 빌려 이 글을 마무리하고 싶다.

'파도가 칠 때는 서핑을'

내 손가락은 얼마 짜리일까

"초원이 다리는 백만 불짜리 다리"

영화 〈말아톤〉을 안 봤어도 이 대사는 한 번쯤 들어 봤을 거다. 콘텐츠 일을 하다 보면 비극적이지만 얼마 짜리 손가락이 정해져 있는 것 같다. 구독자 100만짜 리 손가락, 10만 뷰짜리 손가락, 1만 뷰짜리 손가락. 한 번 10만 조회 수를 만들어낸 기획자는 비슷한 성 과를 거듭 달성한다. 그가 만들면 무조건 그 성과가 보장된다는 소리다.

만난 적은 없지만 유튜브 'solfa', 'odg' 채널을 운영하고 있는 윤성원 대표가 그렇다. solfa는 사회 실험을 영상으로 녹였는데, 그 포맷이 신선하다 못해 충격적이어서 즐겨보곤 했다. 얼굴을 가린 이상형 10명을 한꺼번에 만나는 영상은 조회가 4,296만 회에 달하며, 총 구독자는 135만 명(2022년 11월 기준)이다.

그가 두 번째로 만든 채널 odg는 주로 아이들의 반응을 중점적으로 다룬다. 때로는 연예인을 마주하는 아이들, 엄마와 대화하는 아이들, 아픈 또래 친구를 만난 아이들을 관찰하는데, 연예인이 안 나오는 영상조차 가볍게 몇 백만 명이 조회한다. odg 역시 구독자 310만 명(2022년 11월 기준)으로 그에게 두 번째 골드 버튼을 안겼다. 나는 너무 궁금해서 그의 온라인 유료 강의를 수강하기도 했다. 과연 고민의 본질이 달랐다. 천재적인 아티스트는 자신의 예술품을 보고 사람들이 어떤 감정이 들지 알아챈다고 하는데, 윤성원 대표 역시 사람들이 어떤 지점에서 공감하는지, 놀라는지,

슬퍼하는지, 어떤 상황을 제시하면 편견이 깨질 수 있는지 동물적으로 캐치한다는 생각이 들었다. solfa나 odg의 영상 포맷을 따라 하는 시도는 많았다. 하지만 조회 수를 따라올 수는 없었다. 하지만 윤성원 대표가 본인의 이름을 숨기고 구독자 0부터 새로운 채널을 개설하면 그는 또다시 골드버튼을 손에 쥘 것이다.

이러한 경우는 숱하게 많다. 기획자 A님은 신입 시절부터 여러 뉴미디어 채널을 거치며 용병으로 활약한 적이 있는데, 가는 곳마다 몇 십만 조회 수의 콘텐츠를 빵빵 터뜨려냈다. 각 채널의 성격과 영상의 컨셉, 주제가 다 다른데도 불구하고 가는 곳마다 존재감을 과시했다. 요즘 나와 포털용 콘텐츠를 같이 만들고 있는 기획자 B님도 마찬가지다. 포털은 워낙 많은 정보 속에서 제목만으로 눈에 띄어야 하다 보니, 제목에 MSG가 많이 들어간다. 그런데 기획자 B의 기가 막힌 제목 실력 덕분에 우리 채널의 콘텐츠는 조회 수가 빵빵 터진다. 가끔 내가 투입되어 기획할 때가 있는데,

정말 비슷한 스타일로 제목을 뽑아도 눈에 띄게 저조한 성과 때문에 민망하기 이를 데 없다. 나는 그 코너에선 조용히 백기를 들었다.

내 손은 얼마짜리일까. 그렇다, 내 손은 똥 손이다. 물론 오랜 시간 많은 콘텐츠를 만들었으니 개중에는 좋은 성과를 낸 것도 있지만, 솔직히 말해 평타는 형편없다. 오래전부터 내 주변에 감 좋은 20대 동생들이 말하곤 했다.

"아휴, 콘텐츠는 어린 친구들 감성으로 해야지, 나이 들면 감 떨어져서 못해"

그래, 내가 이 바닥에서 너무 오래 있는 건 아닐까. 아니야, 나이의 문제가 아닌 것 같아. 성과가 매순간 증명되는 콘텐츠 일을 하면서 나는 매순간 자괴감을 느끼기도 했다.

내 얘기는 잠시 접어두고, 혹시 유튜버를 (혹은 브런치나 인스타 작가를) 꿈꾸는 분이 있다면 잠시 생각해보자. 참신한 기획으로 채널을 개설하고, 콘텐츠를 열심히 올리고 나면 어떤 일이 일어날까? 높은 확률로 아무 일도 일어나지 않는다. 처음에 지인들의 댓글과 응원, 당신이 인싸라면 약 200명 정도의 구독자가 생길 것이다. 하지만 웬일인지 다음 영상의 조회수는 26회. '에이, 나는 채널이 좀 성과를 만든 다음에 지인들에게 알릴래.'라고 생각했다면 영영 지인들이 알지 못하고 지나갈지도 모른다. 아무리 윤성원 대표라도 처음엔, 그리고 오랫동안 그럴지도 모른다. (물론 정말 좋은 영상은 단 한편의 업로드로 파급을 일으키기도 한다.)

그런데 아주 오랫동안 아무 일이 일어나지 않을 경우 곤란해지기 시작한다. 이렇게 언제까지 계속해야 하지? 내가 이걸 왜 하고 있지? 불안 초조해지기 시작한다. 구독자가 몇백 명이었다면 결정은 오히려 쉽다. 임계점 이하에선 구독자가 많을수록 이러지도 저러지도 못하는 고뇌의 시간이 길어진다. 나는 임계점이 구독자 10만이 아닐까 싶다. 구독자 10만 이하는 확신을 갖기 어렵다. 3~4만 구독자님들에겐 정말 감사하지만, 오랫동안 밥도 안 나오고 쌀도 안 나오는 일에 꾸준히 노동을 투입한다는 것은 계속해서 내적 갈등을 일으킬 만한 일이다.

그러니 유튜브가 구독자 10만 명에 실버 버튼을 주는 것은 참으로 상징적이다. '수고했다, 이제 계속해도 된다.'는 공인 같은 게 아닐까. 그 공인을 받지 못한 무수한 사람들이 오늘도 마음으로 오락가락하며 콘텐츠를 만든다. 꾸준히 하다 보면 '언젠가 실버 버튼을 받겠지.'라는 마음을 한켠에 두고 말이다. 2021년 새해가 밝았을 때, 새해 계획을 세우던 나는 갑자기 뒤통수를 맞은 듯했다. 곧 만 5년의 유튜버 생활을 회고하다 보니, 관성적으로 하고 있는 나를 발견한 것이다. 무엇보다 방금 얘기한 '같은 기획자의 산출물의 성과는 대개 균일하다.'와 '꾸준히 하다 보면 언젠가 실버 버튼을 받겠지.'라는 명제가 배치된다. 받을 거였으면 진작 받았어야 하는 거 아닌가. 앞으로 나에게 실버버튼이 올까?

물론 내가 새로운 노력을 하지 않고 계속 1을 하면서 2를 바랐던 건 아니었다. 매번 새로운 포맷과 주제를 시도했고, 데이터에 기반해 의사결정 했다. 하지만 새로운 임계점은… 오지 않았다. 이 정도면 유튜브 채널을 접는 게 맞다는 생각이 들었다. 내가 갑자기 콘텐츠 업데이트를 중단해도 세상은 아무 일 없이 돌아갈 거라 생각하니 조금 서글프면서도 다행이라고 생각했다. 내일부터 안 해도 아무도 뭐라 하지 않는 일이라는 것이 새삼스러웠다. 문제는 당장 접으면 내가 할 일이 없었다. 나에겐 유튜브 콘텐츠가 아닌 다른 일이 준비되어 있지 않았다.

그래서 나는 베로니카처럼 "책읽찌라, 1년 뒤 접기로 결심했다."라는 목표 아닌 목표를 세웠다. 그만둔 것도 아니고, 그만두기로 했을 뿐인데도 이상하게 홀가분했다. 나는 채널 방식도, 내가 할 수 있는 가장 홀가분한 방식으로 바꿨다. 기업에 관한 도서만 읽기로 한 것이다. 내가 좋아하고, 남들보다 잘 할 수 있는 이야기라서 그냥 하기로 했다. 기존의 '책읽찌라'에선 하지 않을 시도였다. 책을 읽는다더니 갑자기 기업을 읽겠다니. 구독자들을 고려하거나 실버버튼을 염두에 둔 논리적 의사결정은 아니었다.(구독자님들 죄송합니다.)

주제를 바꾸고 나니, 조회 수도 터지고 미동도 없던 신규 구독자도 살짝 올랐다. 뜻밖에 나는, '실버버튼이 가까워지는 건가.' 하고 살짝 설렜다. 그러나 추이는 슬그머니 돌아왔다. 에라이.

〈기업 읽어드립니다〉는 아직 온고잉 중이며, 1년이 돌아오는 그 날까지 나는 베로니카처럼 배짱 좋게 내 맘대로 해보려 한다. 1년 뒤 접을 건데 실버버튼이 무슨 소용이냐. 솔직히 얘기하면, 책읽찌라를 접어도 나는 콘텐츠를, 특히 영상 콘텐츠를 계속 만들 것 같다. 혹은 내가 다른 일을 하더라도, 영상을 통해 그 효과를 레버리지할 거니까. 실은 몇 개 생각해둔 아이템도 있다.

송충이는 솔잎을 먹고 산다고, 사실 모든 일은 내가 지금 하는 일에서 옆으로 한 발자국씩만 이동해가는 게 아닐까 싶다. 다만, 나는 이제 내가 백만 불짜리 손가락을 가진 천재 기획자가 아님을 알았고, 새 채널 새 콘텐츠를 해도 아무 일도 일어나지 않을 것을 알기에, 다른 태도로 그 일을 시작할 것이다.

첫 번째는 시간과 횟수를 정해두는 것. 사실 이건 내가 새로운 주제로 새로운 프로젝트를 할 때 요즘 계속 써먹는 방식이긴 한데, 나는 그럴 듯하게 '오리지널 콘텐츠'라고 이름 붙이고 있다. 예를 들면, 우울증을 소재로 한 프로젝트 〈아임 낫 파인〉의 경우, 20회로 영상의 개수를 제한했다. 그 프로젝트가 고무적인 이유는 인기 급상승 동영상(소위 인급동)은 아니지만, 아직도 하루에 여러 개의 댓글이 달리고 있다. 제한된 개수의 영상을 만드는 것은 여러 가지 장점이 있다. 우선 구성 단계부터 하나의 큰 틀 안에서 빈틈없이 다루는 종합적인 기획이 가능해진다. 피드에 한 번 흘려버리고 말 인스턴트 메시지가 아니라 종합적으로 하나의 이야기를 다루는 것이다. 흐르는 강물처럼 새로운 콘텐츠가 콸콸 흐르는 피드지만, 언제나 사람들이 찾기 마련인 보편적인 주제로 짜임새 있게 구성하면 사람들이 검색을 통해 두고두고 들어와서 시리즈물을 탐독할 수 있다. 시간이 지나도 콘텐츠의 가치가 변하지 않는 소위 '에버그린 콘텐츠'다.

무엇보다 정해진 횟수가 있으면 내가 시간과 에너지를 얼마나 할당해야 하는지 알 수 있다. 시작하는 유튜버라면 이렇게 계획을 해보면 어떨까 싶다. 예를 들어, 1년간 24개의 콘텐츠를 올리고 그중 한 편이 10만 뷰를 달성을 목표로 세운다거나 하는 식으로 말이다. 그러면 정말 최선을 다하고 가벼운 마음으로 무대를 내려올 수 있을 것 같다.

두 번째는 그냥 평생 취미로 계속할 수 있는 여가활동

으로서의 계획이다. 등산이나 요가, 클라이밍과 같은 취미라고 생각하고, 평생 내가 좋아하는 일을 틈날 때마다 쌓아 나가겠다는 마음가짐으로 하는 거다. 나는 종종 개인 소장용으로 여행 영상을 만들어 올리던 계정이 있었는데, 최근 정체성을 조정하여 나의 부캐로 만들었다. 채널명은 〈타지의 하룻밤〉. 에어비앤비나 게스트하우스 같은 감성 숙소를 소개하는 브이로그를 담아나가기로 했다. 정기적으로 할 수는 없겠지만, 평생 할 수 있을 것 같다. 사실 이 채널을 빌미로 한 달에 한 번 숙소 여행을 하기로 했다. 이 얼마나 설레고 좋은지. 나의 목표는 이 채널의 영상이 잘돼서, 숙소를 협찬을 받아보는 거지만, 안 그러면 어떤가. 이거야말로 내가 질리지 않고, 고민 안 하고 즐겁게 할 수 있는 채널이니 말이다.

적어도 새로 시작하는 이들이 가벼운 마음가짐이면 좋겠다. 나에게 백만 불짜리 손가락이 없고, 유튜브 채널을 시작해도 아무 일이 일어나지 않을 걸 안다면 반대로 더 즐겁고 유쾌하게 시작해보면 어떨까. 나는 똥손인 걸 알게 됐지만, 더 홀가분하고 즐거워졌다.

손으로 똥을 싸고 있는지도 모르겠다

'아, 이 책은 끝까지 읽었는데 뭐가 없네. 뭐야, 재미도 없고 남는 것도 없고… 아 다른 책으로 바꿀까? 시간 없는데… 그냥 소개할까?'

책 소개를 5년째 하다 보면 모든 책을 다 읽고 나서 선정할 수 있는 것은 아니다. 고백하자면, 일주일에 한두 편씩 영상으로 만들려면 시간에 떠밀려, 책이 다소 아쉽지만, 그냥 소개하는 경우도 있었다. 혼자 책을 읽을 때는 실망으로 끝나지만, 소개할 때는 다르다.

영상이 내 손끝에서 떠난 뒤, 나는 이런 마음으로 맘을 졸인다.

'누군가가 내 추천을 믿고 책을 샀다가, 책읽찌라에게 실망하면 어쩌지?'

그런 날은 손으로 똥을 싼 것 같은 찜찜함이 남는다. 그런데 더 속상한 건, 흥행의 결과가 소개한 책의 퀄리티나 영상의 퀄리티가 비례하지는 않는다는 것이다. 마지못해 소개한 책이 영상도 잘되고, 판매까지 이어지는 경우가 심심찮게 있었고, 반면 연신 "이거 너무 좋은데 여러분, 이 책 꼭 보셔야 해요."라고 강조한 영상은 흥행에 참패하는 경우가 많았다.

이는 책 만드는 편집자님들에게는 숱한 고민일 것이다. 책의 경우 더더욱, 책의 깊이와 훌륭함이 매출과 비례하지 않음은 말할 것도 없으니까. 대개 베스트셀러는 가볍게 읽을 수 있는 책이 차지한다. 물론 깊이로 따지면 모든 전공서가 잘 팔릴 수도 없는 노릇이고 시장 논리에 따라가는 것이 당연하지만, 책이 인간을 조금만 생각하게 만들면 아무리 좋은 메시지도 외면당하는 책 세계의 현실은 때론 잔인하다. 그래서 나는 서점에 가면 나도 모르게 베스트셀러 매대를 흘겨본다. 쉽게 쓰인 책이 어디 있겠냐만은, 때로는 좋은 걸 몰라봐주는 독자들이 야속하다.

이는 콘텐츠를 만드는 모든 이들의 고민이 아닐까. '좋은'과 '잘 팔리는' 콘텐츠의 온도 차이에서 외줄을 탄다. 최근 나는 〈기업 읽어드립니다〉를 통해 '스퀘어', '스포티파이', '에어비앤비' 같이 한국에 그 이야기가 잘 안 알려진 기업들을 열심히 공부해서 소개했다. 나조차 잘 몰랐던 스타트업들의 이야기는 신선하고 재밌었다. 하지만 가장 많이 조회된 주제는 '테슬라'와 '셀트리온'이었다. 구독자들은 참신함보다는 익숙함에 더 마음이 열려 있었다.

하지만 이 정도는 귀여운 고민이다. 조회수를 기준으로 고민하면 '올림픽을 주제로 화두를 뽑아볼까?',

'국뽕을 자극하는 얘기를 해볼까?', '일론 머스크는 왜 자주 트위터를 하는지 이야기해볼까?'부터 시작해서 이윽고 책이나 기업이라는 우리의 고루한 주제를 계속할 수 있을지조차 회의가 느껴진다. 강아지와 고양이, 아기 영상으로 채널을 새로 파면 훨씬 더 성과가 좋을 텐데 말이다.

콘텐츠를 업으로 삼은 이후 이 문제를 오래 고민했는데, 흥행과 품질 두 마리 토끼를 다 잡는 경우들은 분명히 있다. 영화 〈기생충〉을 보면서 재미와 메시지를 다 담는 게 가능하다는 걸 강렬히 느꼈고, 매주 TV프로그램 〈유퀴즈 온 더 블록〉, OTT콘텐츠 〈개미는 오늘도 뚠뚠〉을 보면서 경탄을 마지않았다. 유튜브의 세계로 오면 숱한 지식 채널들이 있다. 기업가 정신을 다룬 〈eo〉, 예술 이야기인데 너무 재미있는 〈널 위한 문화예술〉, 과학 이야기하는 〈긱블〉 등 품질과 흥행을 다 잡는 채널도 많다.

우리는 그곳으로 향하기 위해 매일 사투를 벌인다. 소재를 정하면서, 제목을 정하면서, 독자들의 옆구리를 찌르고 인사이트까지 배달하려는 고민이 계속된다. 하지만 번번이 조회수에 지고 만다. 이런 고민을 하다 보면 필연적으로 '왜 나까지 세상에 콘텐츠를 더해야 할까.'라는 질문에 부딪히게 된다. 세상에는 이미 너무 다양한 지식과 정보가 있고, 시간을 아껴주기 위해 이를 쉽게 정리해주겠다는 콘텐츠 역시 넘쳐난다. 나도 한때, 책읽찌라를 하면서 책의 핵심만 쏙쏙 뽑아서 정리해주겠다는 기조를 내세웠다. 하지만 정보의 홍수 속에 나까지 물을 한 바가지 더 추가하는 건 아닌가 하는 고민을 지울 수가 없다.

지금 이 순간에도 독자들이 읽어야 할 정보를 세상에 더 늘리고 있다는 데 대한 자괴감이 든다. 난 독자들의 시간을 빼앗아 무엇을 주려고 하는 것인가. 그럴수록 나는 콘텐츠를 하는 이유를 더 치열하게 고민한다. 누군가의 소중한 시간을 빼앗는 일이라고 생각하기 때문이다. 하지만 처음 창업을 했을 때처럼 콘텐츠로 세상을 바꿀 수 있다고 생각하진 않는다. 나는 이 과정을 독자와 나의 거래 관계라고 좁혀서 정의하기로 했다. 보통 내 영상의 러닝타임인 10분이라는 시간을 가져오는 대신 나는 이들에게 무엇을 줄 것인가. 나는 그것을 두 가지 관점으로 정의했다.

첫째, 우리가 10분 동안 전해야 할 건 '재미'와 '의미'이다. 우선 어떤 책의 제목인 "재미가 없으면 의미도 없다."라는 말에 나는 적극 동의한다. 사실 나는 별로 재미가 없는 사람이지만 영상에서는 어떻게든 재미를 담으려고 팀과 함께 고민하고 있다. 또, 하나의 영상이 한 가지라도 확실한 의미를 담고 있어야 한다고 생각한다. 몰랐던 것을 깨닫고 삶 속에서 적용할 수 있는 통찰 한 가지는 가져가야 한다. 둘째는 우리가 전할 수 있는 건 지식보다는 지혜라는 것. 최근에는 학자나 의사, 박사, 변호사 같은 전문가가 운영하는 콘텐츠 채널도 상당히 늘어났지만, 나는 전문적인 지식을 생산하는 사람이 아니다. 전문가보다는 지식을 재구성하는 '편집가'라고 생각한다.

지혜롭게 좋은 콘텐츠를 전달하기 위해선 가치관과 철학이 필요하다. 우리가 무엇을 하고, 무엇을 하지 말아야 할지 결정하는 '기준'도 필요하다. 나에게 그 철학은 '틀을 깨는 열린 사고'이다. 복잡한 세상을 단편적으로 이해하려 하지 않고, 다양한 시각과 입장을 이해하는 것. 나의 고정관념을 깨고 지평을 넓힐 수 있는 이야기를 담고 싶다. 물론 그게 쉽지 않다. 일단 숱한 담금질로 내 그릇을 먼저 연마해야겠지.

물론 '내가 왜 콘텐츠를 해야 하는지'에 대한 나의 대답이 '왜 우리 콘텐츠를 봐야 하는지'에 대한 답이 되는 것은 아니다. 재미와 의미, 가치를 담고 있는 영상을 만들고 싶은 건 내 욕구다. 이건 기본이고, 사람들이 보고 싶은 콘텐츠를 만들어야 한다. 그래야 흥행이 된다. 솔직히 내가 흥행에 성공을 못 해봐서 비결이랄 건 없지만, 아마도 이래야 하지 않나 싶다. 독자들이 듣고 싶어 하는 걸 알기 위해선 인간의 본성과 심리를 잘 이해해야 한다. 논리와 이성이 아닌 육감으로 원하는 걸 캐치해야 한다. 나는 이 대목에서 내게 부족한 덕질 DNA가 좀 필요하다고 본다. 무엇인가를 열렬히 좋아해본 사람은 누가 무엇을 좋아하는지에 대해서도 탁월한 감각을 지니고 있다.

소질이 없다면 좀 더 쉬운 방법이 있다. 많이 뿌리는 거다. 일단 유튜브의 세계에서 물량 공세는 유리하다. '뭘 좋아할지 몰라서 다 준비했다'는 자세로 수많은 지뢰를 심으면 어딘가에서 터질지도 모른다. 다만 이때, 똑같은 걸 계속 뿌려서는 안 된다. 변주를 주면서 안 되는 건 버리고, 잘되는 걸 강화하는 노력이 필요하다. 기계가 학습하듯이.

우리도 무수한 시도와 실패 속에서 배워나가야 하지 않을까. 이것이 내가 손으로 똥을 빚으면서도 예쁜 똥을 빚거나 거름이 되도록 만드는 방법이다. 마스터피스가 나올 때까지 기를 모으고 준비한다고 훌륭한 명작이 나오는 것은 아니다. 매일 빚으면서 내일은 더 좋은 것을 빚어보는 것. 이게 창작자의 숙명 아닐까.

나는 댓글이 무섭다

댓글이 무섭다고 말하면 아마도 악플을 먼저 떠올릴 것 같다. 사실 나는 딱히 악플이랄 게 달리지는 않는 편이다. 다만 내가 정말 아플 때는 팩트에 맞았을 때다. 예를 들어 내가 실수한 대목을 정확히 짚으며, '이런 것도 모르면서 떠드는 당신을 어떻게 신뢰하겠냐', '이 책을 이 정도로밖에 소화 못하다니, 수준을 알 만하다', '다 아는 이야기를 새로운 것처럼 길게 떠든다'라고 지적하는 경우다. 이 정도는 악플이라기 보단 감사한 채찍질이다. 사실이라서 더 아프지만 나를 해치지는 못한다. 무플보다 훨씬 감사할 따름이다. 혹여 악의적으로 나를 해치려는 댓글이 있더라도, 크게 동요하지는 않는다. 공격하려고 내뱉는 말은 내가 받아들이지 않으면 나에게 타격을 주지 못한다. 내가 댓글이 무서운 이유는 조금 다른 데 있다.

통제 욕구가 강한 나는, 스마트폰이 처음 나왔을 때부터 '읽지 않은 새로운 메시지'를 뜻하는 빨간 동그라미를 참지 못했다. 읽어 없애야 한다는 강박이 있었기 때문에 모든 모바일 앱의 푸시를 활성화해놓고, 즉각 답변하곤 했다. 그러다 '책읽찌라'를 처음 라이브로 시작했을 때, 밤 11시에 책 읽는 방송을 끝내면 그동안 달린 댓글에 일일이 답변하다가 새벽 한두 시에 귀가하는 일이 잦았다. 나는 처음으로 5,000명의 페친 한도가 꽉 찼고, 여러 SNS 루트를 통해 친구가 추가되었다. 라이브 방송이 끝나면 DM도 많이 받았는데, 고민 상담이 많았다. 진로 상담부터 정신적 고통을 토로하는 분도 여럿 있었다. 유명인도 아닌 나는 DM을 하나하나 성실히 답변하곤 했는데, 그러다 보면 본의 아니게 상대를 실망시키기도 했다.

이쯤 되면 여러분도 이런 생각이 들 거다. '아니, 얘는 인플루언서도 아닌데 이 정도면 유튜브 구독자 10만 명이 넘거나 인스타 팔로워 수십 만의 인플루언서들은 정말, 일상생활 가능한 걸까?' 나도 그것이 궁금하다. 나는 정말 아주 조금 체험했을 뿐인데, 일상의 상당 부분을 소모하고 있었다.

내가 통제할 수 없을 만큼 댓글과 DM, 좋아요와 공유하기를 알려주는 고마운 모바일 앱들 덕분에 빨간 동그라미는 마를 날이 없었고, 나는 이것을 모두 소화하기를 포기했다. 게다가 그것은 카톡의 경우에도 마찬가지여서, 지인들과의 카톡도 100개씩 쌓아놓고 답변을 미루는 상황이 발생했다. 그때의 나는 곧잘 '안읽씹(메시지도 안 읽고 답변도 안 하는 재수 없는)' 상태였다. 내가 워낙 일을 많이 벌이기 때문이기도 했고, 나의 모든 업무가 온라인상에서 일어나다 보니 일

거수일투족이 모두 눈에 띄기 때문에, 더 많은 연락을 받았던 것 같다. 당시 나의 삶은 정리가 되지 않고, 새로운 오더가 끊임없이 내려오는 테트리스 같았다. 사람들의 나를 향한 불만도 함께 쌓여갔다.

다행히(?) 지금은, 충분히 읽고 신중히 대댓글을 남길 만큼의 댓글이 달린다. 나를 지켜봐주는 사람이 많이 줄어서이기도 하지만, 나는 한동안 나의 온라인 발자국을 많이 줄였다. 콘텐츠를 올리는 개수도, 사소한 감상이나 일상을 올리는 빈도도 많이 줄였다. 무엇보다, 일을 줄였다. 시간이 많아지자, 주변 사람들이나 구독자분들과 더 진심으로 대화할 수 있었다. 그럼에도 유튜브 알람이 뜨거나 무언가 새로운 푸시가 오면 여전히 조마조마하다. 멘탈이 약한 날은 내 마음이 충만할 때까지 기다렸다가 그것을 열어본다. 댓글도 읽어보기까지 두근두근한 마음으로 쪼아본다. 칭찬이 달려 있으면 안도한다. 앱 서비스의 푸시를 받을 때마다 정말, 무언가가 나를 '푸시'한다는 느낌을 받는달까.

하는 수 없이 나는 다시 내 마음을 헤아려본다. 댓글이 달릴 때 내 마음 저변에서는 무슨 일이 일어나는가. 아마도 나는 누군가를 만족시켜야 한다는 부담감이 있는 것 같다. 좋은 이야기로, 참신한 형태로 그리고 모든 사람을 환대하는 밝음으로 사람들의 기대를 충족시켜야 한다는 부담. 혹여 누가 나에게 실망하고 돌아가지 않을까 하는 우려. 잘하고 싶은 동시에 잘하지 못할 것 같은 두려움이 이는 것이 아닐까. 계속해서 무대 위에 세워지는 일에 수반하는 숙명일 수도 있지만, 나도 모르게 내 안에 개복치 같은 연약한 면이 있었던 것이다. 체질적으로 유명인이 되긴 어려운가 보다.

소통을 잘하는 유튜버들을 떠올려본다. 1인 크리에이터의 원조 격인 도티와 대도서관은 그저 친구처럼 구독자들을 대한다. 내가 즐겨보는 침착맨과 주호민은 콘텐츠를 만든다는 느낌이 아니고, 항상 유쾌하고 편안하게 소통하는 느낌이다. 이들의 공통점은 일대다

커뮤니케이션이 아니라, 마치 친구에게 하듯 일대일 커뮤니케이션을 한다는 점이다. 모니터 너머에 아는 사람에게 하듯 툭툭 수다를 내뱉는 모양새가, 자신들이 특별한 사람이란 걸 모르는 눈치다. 그런데 난 왜, 내가 특별한 사람인양 완벽하게 굴려는 것일까. 생각이 여기에 미치니 문득 겸연쩍다. 내가 뭐라고 이런 고민을 하는가!

모든 기대와 실망은 관계의 깊이와 비례한다. 나는 역설적으로 많은 사랑을 받고 싶기 때문에 기대와 실망에 민감하게 반응하는지도 모른다. 조금 더 편안하게 관계를 맺고 싶다. 그냥 내가 좋아하는 이야기를, 좋아하는 사람을 만나, '어 너도?' '아, 나두!' 하는 느낌으로 덕질하면서. 나는 오늘도 조금은 긴장된 마음으로 댓글을 기다린다. 드루와요, 잘 해드릴게.

훈수에 대처하는 창작자의 자세

유튜브를 한다고 하면 지인들부터 낯선 사람까지 한 번쯤 건네는 말이 있다.

"이렇게 한번 바꿔보면 어때?"
"내가 이런 아이디어가 있는데 말이야, 잘 될 것 같지 않니? 네가 한번 해봐."

물론 내 영상을 제대로 보지 않은 사람이 하는 말은 마음에 두지 않는 편이지만, 내 채널을 두고 하는 훈수는 조금 다르다. 마치 '그러니까 잘 안 되지.'라고 들려서 마음이 아프다. 아마도 평가가 섞인 말이라 듣기가 쉽지 않은 것 같다. 하지만 언제나 악플은 무플보다 낫다. 무관심하거나 속으로만 생각하는 것보다는 나으니, 일단 감사하게 받는다.

하지만 조언을 받아든 나는 어찌할 줄 모른다. 정말 내 콘텐츠를 곱씹게 되고, 열차를 잘못 탄 승객처럼 동공이 흔들린다. 물론 상대는 깊이 생각하고 던진 말이 아니라는 것을 잘 안다. 훈수는 항상 돕고자 하는 마음에서 나오며, 매일 밤 생각하는 나와 달리 5분 전에 만들어진 성긴 생각일 테니까. 아니, 그런데 원래 직관이 맞을 확률이 더 높지 않나? 내 채널에 문제가 있으니까 저렇게 나를 도우려 하는 거겠지? 하, 오늘 밤 잠은 다 잤다.

그동안 나도 새로운 시도를 안 해본 것은 아니다. 책 읽어주는 라이브에서, 스튜디오, 야외촬영, 내 방 촬영, 브이로그, 언박싱까지⋯ 유튜버가 할 수 있는 웬만한 시도는 다 해봤다. 장비가 하나둘 늘었고, 가뜩이나 작은 집의 방 하나를 스튜디오로 꾸몄다. 그 방을 구석구석 뒤지다 보면 지난 모든 시도의 흔적들이 보인다. 포맷뿐만이 아니다. 스릴러 소설부터 심리, 에세이, 경제경영 등등. 잘 되는 건 더 해보기도 하고 안 되는 건 바꿔보면서 시도를 했다. 이쯤 되면 바꿔야 할 건 소재나 포맷이 아니라, 직업이 아닐까.

난 또 왜 하필 엉덩이가 이렇게 무거운 걸까. 주변의 현명한 지인은 빨리 도전해보고, 몇 번 시도해보고 안 되면 털고 또다시 새로운 시작을 하던데. 난 아무래도 너무 오래 쥐고 있는 게 아닐까. 변화가 없는데 지속하고 있는 것은 문제가 아닐까. 언제까지 나는 이 일을 더 해봐도 될까.

이런 고민을 하는 즈음, 트레바리 윤수영 대표의 칼럼을 봤다. 제목은 〈리셋 증후군 극복하기〉. 사업을 하면서 계속되는 '새로 시작하면', '처음부터 다시 만들면' 모든 게 잘 풀릴 것 같은 환상에 대해 이야기하는데 어쩜, 내 마음을 들여다본 것 같았다. 그 중 짧은 몇 줄의 문장에 사무치게 위로받았다.

고 신영복 선생도 이와 비슷한 이야기를 한 적이 있다. 그는 글씨를 쓸 때 모든 획과 모든 글자를 완벽하게 쓰는 것은 불가능하다고 했다. 그렇기 때문에 우리가 할 수 있는 건 그저 한 획의 과오를 다음 획으로 보완하고, 한 글자의 부족함을 다음 글자로 채우는 것뿐이라 했다.[1]

오늘도 내가 계속해나갈 이유가 충분해 보인다. 그럼에도 엉덩이가 무거운 것과 계속해나가는 것은 동전의 양면에 불과하다는 것을 나는 안다. 나는 다시 지나가는 훈수에 맞아 흔들릴 것이다. 그리고 언젠가 지금 하는 일을 내려놔야 하거나 새로운 일을 시작해야 한다.

결정의 순간은 언제 어떻게 오는 것일까. 우선 한 가지는 확실하다. 타인에 의해 결정되는 건 아니라는 점이다. 전문가의 조언도, 고 신영복 선생님의 격려도 내 길을 결정해줄 수는 없다. 다만 이 조언들은 내 안에서 숙성되고 무르익어서 내가 더 좋은 결정을 하도록 도와줄 것이다. 한편, 의사결정을 하는 데는 으레

---

1) 윤수영, 〈리셋 증후군 극복하기〉, 포브스 코리아 202108호, 2021.

여러 가지 논리와 철학이 존재한다. 앞선 윤수영 대표의 칼럼에서도 의사결정을 하는 그의 지혜를 엿볼 수 있었다.

하지만 시간이 지나면서 나에겐 분석과 논리뿐만 아니라 다른 것이 더 필요하다는 점을 깨달았다. '시간'과 '에너지'다. 올해 초 나는 야심차게 일련의 프로젝트를 계획했다. 기존의 한계를 극복하는, 새로운 콘텐츠라고 할 수 있는 그런 것들이다. 그런데 상반기를 다 흘려보내고서야 나는 비로소 첫 삽을 떴다. 그동안은 에너지도, 자신감도, 열정도 조금씩 부족했다. 시간이 흐르니 자연스레 여건이 갖춰지고, 나는 충만한 마음으로 일을 시작할 수 있었다.

옛날의 나는, 인과관계에 집중했다. '플랜A를 6개월 뒤까지 해보고 안 되면 플랜B를 가동해야 해.' 하는 식이었다. 하지만 지금의 나는 어른들의 말씀처럼 "다 때가 있다."고 믿는다. 사람들의 애정 어린 조언과 나의 경험과 판단과 지혜가 충분히 내 안에서 때를 만들고, 목소리를 내는 순간이 내가 진짜 결정하는 순간이다. 다른 목소리는 감사하고 겸허하게 받아서 쟁여두고자 한다.

'이 일'을 언제까지 할 수 있을까

10년, 15년 후에도 '유튜버'라는 직업이 있을까? 당연히 없을 것이다. 메타버스를 소재로 다룬 영화〈레디 플레이어 원(2018)〉속 이야기는 곧 현실화될 예정이다. 헤드셋을 쓰고 전 세계를 가상으로 여행하는 영화 속 장면을 마크 저커버그가 열심히 구현하고 있기 때문이다. 그때는 영화 속 주인공처럼 '현상금 사냥꾼'이 직업이 될 지도 모른다. 영화〈승리호〉에 나오는 '우주 쓰레기 철거반'이라는 직업이 실재하게 될지도 모르겠다. 그만큼 한치 앞도 예상이 안 되는 세상에서 콘텐츠로, 유튜브로 먹고 사는 것은 늘 불안하다.

물론 회사에 다닌다고 안정적인 것도 아니다. 나는 대한민국에서 거의 가장 안정적이라고 알려진 기업에 다녔다. 하지만 나는 거기에서 목숨이 간당간당하게 겨우 정년을 향해가는 어른들을 많이 보았다. 앞으로는 기업에서 그 치사한 정년마저도 어려워지지 않을까.

그럼에도 언제가 끝일지 모르는 속성 때문에 유난히 '크리에이터'라는 직업은 더 시한부로 느껴진다. 특히 페이스북의 한국 사용자가 어느 날 갑자기 썰물처럼 빠지는걸 보니, 더 그렇다. 전 국민이 페이스북에서 놀던 때가 있었는데, 어느 순간 아재들만 남고 모두 인스타그램으로, 유튜브로, 틱톡으로 옮겨가버렸다. 공들여, 돈 들여 100만 명씩 팔로워를 늘리고 비즈니스를 하던 숱한 페이스북 채널의 자산 가치는 0에 가까워졌다. 그렇다고 플랫폼을 옮겨서 채널의 명성을 이어가기는 쉽지 않았다. 같은 영상 콘텐츠라도 페이스북의 문법과 유튜브의 문법은 완전히 다르기 때문이다.

그러다 보니 '언젠가 유재석 같은 최고의 MC가 될거야' 처럼 '언젠가 슈카 같은 최고의 유튜버가 될 거야' 라는 목표는 허망하다. 실버버튼, 골드버튼이라는 목표도 궁극적이지는 않다. 물론 부동산, 주식, 창업, 예술 등 어떤 분야를 깊이 파고 있는 크리에이터들은 유튜브를 통해서 그 분야의 전문가로 인지도를 높이는 경우도 많다.

하지만 그런 경우 권위를 부여할 만한 검증이 필요한데, 나의 경우 최근 기업에 대해서 지속적으로 얘기를 하다 보면 댓글로 '네가 뭔데?'에 대한 챌린지를 받게 된다. 나는 가끔 더 공부를 해서 학위를 취득해야 하나 고민하는데, 실제로 비슷한 이유로 학위를 이어가는 유튜버들도 종종 보았다.

실은 10년, 15년 후에 나는 뜬금없지만 디지털노마드를 위한 숙소를 열고 싶다. 노트북 메고 와서 일주일, 자연 속에서 일과 휴가를 동시에 즐길 수 있는 워케이션의 장소를 만들고 싶다. 내가 워낙 노트북 메고 뚜벅이 여행을 가서 바다가 보이는 카페에 앉아 일하는 것을 좋아하기도 하지만, 결정적으로 일본의 가미야마 마을에서 영감을 받았다.

우리나라에는 책《마을의 진화》를 통해 자세히 소개된 바 있다. 이곳은 산골짜기 마을인데, 개발자들이 계곡에 발을 담그고 노트북을 하고 있는 사진으로 유명해졌다. 마을 어디나 와이파이가 빵빵 터지는 이 마을에는 IT기업들의 지사가 제법 들어서 있고, 일주일 정도 살면서 일하기를 권하는 '위크 가미야마 Week Kamiyama'라는 호텔도 들어섰다. 나는 내가 좋아하는 단어인 '#로컬', '#여행', '#디지털노마드'를 조합한 이런 숙소를 꼭 운영하고 싶은데, 앞으로 10년 열심히 돈을 벌어서 이런 숙소를 세우고 싶다.

문제는 10년 뒤의 꿈이 현재의 불확실성을 해소해주지는 못한다는 것이다. 꿈과 내가 오늘 하고 있는 일이 직선거리에 있지 않기 때문이다. 내가 오늘 하는 일 A로 돈을 많이 벌어서 B를 한다는 건 언제나 낭만적으로 들린다. 그렇다면 나는, 조금더 현실적으로 이 불확실성에 어떻게 대응할 수 있을까.

상투적이지만 첫 번째로는 직업의 '이름'이 아니라 '능력'에 배팅해야 하지 않을까 싶다. 내가 시간이 지나도 팔아먹을 수 있는 능력은 어려운 걸 쉽게 설명해주는 능력, 지식을 상품화할 수 있는 능력이 아닐까. 그리고 일찍이 나는 한국어에 비교 우위가 높아서 다른 나라에서는 경쟁력이 없다는 걸 깨달았다. 아무튼 시대가 바뀌고 다른 환경이 도래해도 내가 팔아야 할 것은 나의 이런 능력이지 않을까.

두 번째는 다양하게 씨를 뿌려놓는 거다. 나는 워낙 새로운 게 나오면 호기심이 동해서 써보고 체험해보고 괜찮으면 한쪽 다리를 담가보는 식으로 접근했다.

그래서 그동안 새로운 유튜브 채널도 찔끔, 출판도 찔끔, 웹소설도 찔끔 다 벌여놨다. '그러니 잘 된 게 없지 않냐'는 독자님들의 의구심을 이해한다. 하지만 내 성향이 워낙 하고픈 게 계속 떠오르는 '하고재비'이기도 하고, 어차피 불확실한 세상이라 예측하고 통제할 수 없다면 다 조금씩 빠르게 덤벼보고 잘될 떡잎에 투자하는 게 이 시대에 적절한 생존 방법이 아닐까 싶다.

'이 일'은 오래하지 못할 것이다. 하지만 수명이 길어진 탓에 가능한 오래 '일'해야 한다. 영앤리치가 되기에는 놀기만 해야 할 세월이 너무 길다. 오래오래 쓰임이 있는 사람이 되고 싶다. 예전처럼 빠르게 성장하고 최고가 되겠다는 투지를 불태우진 않겠지만, 오래 두드리고 벼리고 촉을 잘 살려서 백 살까지 능력을 쓸 수 있다면 좋겠다.

관심을 받으면 살짝 숨는 관종,
바로 접니다

"책읽찌라 채널의 구독자 애칭을 지어주세요."

채널의 구독자분들께 애칭을 공모한 건 2020년 겨울이었다. 오래도록 미뤄온 일이었는데, 새해에는 구독자분들과 소통을 해야겠다는 결심이었다. 그것도 별도의 게시물로 물어볼 용기가 없어 '2020년 BEST 도서' 영상 말미에 이벤트처럼 붙였다. 아무도 댓글을 달지 않을까봐 무서웠기 때문이다. 아무도 안 봤을 것 같은 그 영상에 차곡차곡 댓글이 쌓였다.

찌랑이, 읽었지라, 일꾸, 꾸독, 다독이, 찌꾸, 책찌, 읽찌, 책읽읅찌, 찌루, 찌뽕이…

정성스런 댓글이 하나하나 사랑스러웠고, 말로 다할 수 없이 감격스럽고 감사했다. 누군가 나를 알고 지켜봐주었다는 것이 새삼스레 커다랗게 다가왔다. 어떤 애칭이 좋을까 한참 고민했다. 하지만, 오랫동안 물어보지 못했던 것과 같은 이유로 나는 선뜻 구독자 애칭을 발표할 수 없었다. 차마 "찌랑이 여러분 안녕하세요!", "우리 찌랑이 여러분들 잘 지내셨나요?" 하고 말을 건넬 용기가 없었다.

나는 차일피일 발표를 미뤘다. 두어 달이 지났다. 편집을 도와주던 친한 오빠는 도대체 구독자 애칭은 왜 발표를 안 하냐고 물었다. 해야 하는데… 우물쭈물 어영부영 시간이 지나버렸고 나는 타이밍을 놓쳤다. 나는 구독자분들이 지어준 소중한 애칭을 잃어버렸고, 다시는 구독자님들을 부를 수 없게 됐다.

나의 최악의 습관 중 하나인 지연행동. 사실 지금 이 순간에도 얼마나 많은 것을 뭉개고 있는가. 올해 초에는 유튜브 멤버십도 적용하겠다 약속해두었거늘 벌써 반년이 지난 게 정녕 사실인가… 정말 스스로가 원망스러운 대목이다.

보통 나의 지연행동을 살펴보면 지나치게 잘 하고 싶은 것. 또는 부담스러운 것인데 구독자들과 관련한 문제는 보통 후자에 속한다. '내가 뭐 10만 구독자가 있는 것도 아니고 인플루언서도 아닌데 무슨 내가 구독자님들 안녕하세요~ 이런 인사를 하나. 꼴불견인 것은 아닐까.' 이런 류의 핑계다. 대단치 못한 주제에 대단한 척하기가 겸연쩍기 때문이다.

그럴 일도 없지만 천상 유명인이 되기는 글렀다. 라이브를 하면서 화면 너머의 독자들에게 손을 흔드는 일이, 있을지도 모르는 구독자들을 부르며 인스타그램에 인사를 하는 일이 남사스럽다. 내면 어딘가에서 "내가 뭐라고 인사를 해." 하는 목소리가 들린다. 뻔뻔함이 부족하다.

문제는 이런 마음과 행동이 늘 양가적이라는데 있다. 어려서부터 반장, 부반장을 맡곤 했었는데, (누가 반장할래? 라고 물어보는 선생님의 말에 손을 들고 싶어 꿈찔대는 내 안의 자아가 있다.) 나는 반장이 된 후에는 꼭 담임 선생님 보기가 뻘쭘해서 멀리서 샘이 보이면 슬그머니 돌아가곤 했다. 아마 담임 선생님 피하는 반장은 나밖에 없었을 거다. 지금도 회의시간에 일어서서 보드마카로 쓰면서 얘기하는 것을 너무 좋아하고 친구들이랑 어디가면 내가 인솔해야 하는 '대장병'이 있지만 한편으로는 관종기가 너무 없어서 늘 한 발자국 뒤로 숨고 싶은 마음이 동시에 든다.

페이스북에 팔로워가 많아지면 인스타그램으로 가서 내 얘기를 조잘조잘 떠들고, 이찌라 오피셜 계정에 팔로워가 많아지면 내 사적 계정으로 슬그머니 옮겨 끊임없이 게시물을 올리고 '나 여기 있소!'를 외친다. 그럴 거면 일기를 쓰면 되는데 SNS라는 게 참 그렇지 않나. 누가 보는 게 싫으면서도 안 보는 건 더 싫은 심리다. 효리 언니조차 '유명하지만 조용히 살고 싶고 조용히 살고 싶지만 잊히고 싶지는 않다.'고 하지 않았던가.

누구나 양가적인 감정을 갖고 있다지만 나는 왜 누군가의 관심을 갈구하면서도 관심이 집중되면 몸둘바를 몰라하는 걸까. 엄마한테는 미안하지만 어린 시절을 돌아보면 짚이는 바가 있다. 나는 어린 시절 '잘했다, 훌륭하다, 넌 충분히 예뻐, 잘하는 구나' 하는 말을 잘 들어본 적이 없다. 칭찬에 인색한 시대였다. 혹은 우리집은 유난히 칭찬이 없었다. 물론 내가 적당히 예쁘고 적당히 잘 한다는 것을 알았지만, 동시에 겸손은 미덕이었다. 마음 한 구석으로는 그렇게 생각해도 입으로는 늘 아니었다.

게다가 주어진 일을 묵묵히 해내야 하는 K-장녀로서의 책임이 컸다는 생각이 든다. 내가 사랑받을 수 있는 길은 능력으로 나를 증명해 보이는 것이었다. 연애를 할 때도 그랬다. 나는 사랑해달라는 표현을 참 못하는 사람이었고, 연애에 능력이 없었다. 그래서 나는 구독자들을 생각할 때면 연애하수의 내 모습이 이 관계에도 그대로 투영되는 것만 같다.

사실은 관심이 굉장히 고맙고, 좋고 행복하다. 관심으로부터 한 발짝 물러나는 이유는 역설적으로, 사랑받지 못할까봐 두렵기 때문이다. 나는 지금도 영상을 올리고 나면 반나절 정도는 유튜브를 피한다. 사랑받고 싶어서, 관심받고 싶어서 그렇지 못할까봐 무섭기 때문일 거다.

나라는 사람에게 관심을 보여주는 많은 분들에게 이 자리를 빌려 감사를 전하고 싶다. 진심으로 감사하다고. 저도 이 관계를 많이 좋아하고 있다고. 제가 표현을 잘 못하지만.. 모든 순간 감사하고 사.. 사랑합니다. 찌랑이 여러분♡

내 돈 주고 안 읽을 책들을 읽어보았다

"책을 좋아하시나 봐요?"

처음 독서 관련 앱을 만들었을 때도, 책 관련 유튜브를 운영하면서도 숱하게 들었던 질문이다. 사실 '책'에서 출발했던 것은 아니다. 제프 베이조스가 아마존의 시작으로 규격화되어 유통하기 편한 아이템인 책을 선택했던 것처럼, IT 기획자로서 아카이빙 서비스를 하기에 가장 좋은 아이템이었을 뿐이다. 물론 사업계획서를 쓸 때면 왜 하필 나는 작은 규모의 '책 시장'

을 선택한 걸까 여러 번 좌절하기도 했다. 뷰티 산업, 금융 산업도 있는데 하필.

그럼에도 나는 나름 책을 좋아한다는 부심이 있었다. 어릴 적부터 책을 좋아했고, 중학교 땐 도서관 사서로 하교하고 도서관에서 꼭 시간을 보냈다. 대학교 때도 한 달에 몇 권은 꾸준히 읽었다. 돌이켜보면 대학교 때 읽었던 책들은 《좋은 기업을 넘어 위대한 기업으로》, 《보랏빛 소가 온다》, 《승려와 수수께끼》 같은 마케팅 책이나 일본 소설 몇 권이 전부였지만 말이다.

실은 내가 책을 업으로 삼을 줄은 나도 몰랐다. 처음에 책 읽어주는 영상을 시작할 땐 그저 매일 밤 한 권씩, 책장의 책을 빼들어 발췌독을 이어 나갔다. 그걸 본 선배가 귀띔했다. '신간'을 소개하는 게 도움이 될 거라고. 아니나 다를까 머지않아 출판사에서 많은 신간을 보내주셨고 그래서 두서없이 닥치는 대로 신간을 읽기 시작했다.

계속해서 책을 읽다 보니 그 전엔 보이지 않던 책의 위계가 생기기 시작했다. 출판사 별로 어떤 특징이 있는지, 어떤 책이 더 나은 책이라고 평가받는지, 새로운 지평을 열었는지, 비슷하게 유행하는 메시지의 오리지널리티는 어떤 책이 가지고 있는지, 어떤 책부터 읽어야 하는지. 좋은 책 한권에는 수많은 레퍼런스가 고구마를 캐는 것처럼 따라 나왔다. 한 권의 책을 읽으면 함께 읽어야 할 책이 열 권은 더 생겨났다. 알라딘 장바구니는 늘 두둑했고, 책장에는 읽은 책보다 읽어야 할 책이 더 많이 쌓였다. 책장에 가득한, 보기만 해도 배부른 책들을 보면서 나는 매번 생각한다. 세상에 좀비가 창궐해 집에 갇힌다면 배는 고파도 심심할 일은 없을 것이다. 그때 이 책들을 무섭게 읽어치워야지.

이것이 책을 몇 년간 열심히 읽은 첫 번째 변화였다. 내가 무엇을 모르는지 통렬히 깨닫는 '메타인지'가 일어난 것이다. 아는 것이 늘어나는 속도보다 내가 얼마나 더 모르고 있는지 빨리 깨닫기 시작했다. 앞의 책을 소개한 영상이 부끄러워졌다. 게다가 스스로 매일 부끄러운 순간을 박제하고 있지 않은가. 웬만하면 올렸던 영상을 내리지 않지만 책을 소개할수록 오늘도 나의 무지를 선언한 것 같아 부끄러워졌다. 지금도 매일 한걸음 내딛을 때마다 여전히 얼마나 많은 지식과 지혜를 구해야 할지 아득하다. 그럼에도 내가 무엇을 모르는지 안다는 건 놀라운 일이다. 나의 무지를 발견하는 건 부끄러운 동시에 짜릿하다.

두 번째 변화는 더더욱 내 삶의 깊숙이 영향을 주었다. 책 읽는 게 업이 되면서 생전 내 돈 주고 사보지 않을 것 같은 책을 읽기 시작했다. 광고를 받아 읽고 소개하게 된 《휴가지에서 읽는 철학책》, 《공부의 기술》과 같은 책이 그렇다. 무식하게도 오랫동안 나는 바로 써먹을 수 없는 지식, 밥 먹고 살 수 없는 지식은 도외시했다. 역사와 철학을 포함한 대다수의 인문학, 소설… 실로 고전이라 할 만한 모든 책과 친하지 않았다.

그런데 책읽찌라를 통해서 사실상 모든 분야의 책들을 타의로 읽어내야 했다. 제때 응당 읽었어야 할 책들을 뒤늦게 숙제하듯이 읽어나갔다. 한번은 히말라야로 혼자 떠난 여행의 동행자로 에리히 프롬의 《사랑의 기술》을 택한 적이 있다. 사실 그즈음 나에게 작은, 사랑의 스크래치가 났었는데 여행에서 그에게 사랑의 지혜나 구해볼까 하는 심산이었다. 알고 보니 그 책에 그런 얘기는 1도 없었다. 춥고 긴 히말라야 롯지의 밤, 이 책은 뜻밖에 나에게 정말 잘 살고 있는지 통렬하게 물었다. 바쁘게 달리던 일상을 찢고 나온 여행에서 나는 그의 단호한 물음과 조우했다.

이렇게 몇 차례 고전을 읽으면서 뼈를 맞는 경험은 내 인생의 가치관을 흔들고 깨우고 전복시켰다. 성장과 성공 말고도 또 다른 가치가 있음을 일깨웠다. 커다란 성현의 지혜를 구한 것까진 아니었지만 의심해 본적 없는 '꿈과 희망, 열정과 성실의 세계'를 의심하기 시작했다.

천천히 나의 삶의 무게중심이 옮겨갔다. 바쁘고 소란스런 삶의 잡음을 끄고 줄여나갔고 명상이니, 심리 상담이니 글쓰기 같은 예전에는 관심이 없었던 영역에 관심을 갖기 시작했다. 앞만 보고 달리던 행보에 브레이크를 밟아본 것이다. 이러한 변화가 한 순간 일어난 것은 아니다. 시간이 지나고 보니 아, 그게 책 때문이었다는 사실을, 원래대로 삶았다면 읽지 않았을 책을 억지로 읽어 나갔기 때문임을 발견했다. 골고루 섭취하면 좋은 건 반찬뿐만이 아니었다. 낯선 책의 낯선 생각은 생각의 지평을 넓혀 주었다.

그럼에도 책이 좋으니 책을 읽으라고 역설하고 싶지는 않다. 초기 북튜버로서 인터뷰 기회가 있을 때 전형적으로 받은 질문이기도 하다. 책이 얼마나 좋은지, 왜 좋은지 기사를 읽는 분들에게 한마디 전해달라고들 했다. 책을 읽기 버거운 이들에게 책을 요약한 영상을 소개하는 나로서는 반갑지 않은 질문이기도 했지만, 그 말이 얼마나 공허한지를 알기에 더 어려운 질문이었다. '남자한테 참 좋은데, 설명할 방법이 없는' 복분자 엑기스 광고처럼 좋은 걸 알아도 읽기로 연결하는 것이 어렵다는 것을 수십 년 동안 겪어 봤기 때문이다.

누군가 물었다. 유튜브를 시작하고 단기간에 수많은 책을 읽어내니 더 똑똑해진 것 같냐고, 지적 수준의 변화를 경험했냐고. 사실 책 속의 지식은 앞통수로 들어와 뒷통수로 그대로 빠져나가는 듯한 느낌이 든다. '그…그 무슨 철학자가 뭐라고 했더라?', '그 어디에서 그 사건이 뭐였더라?' 나는 언어를 축적하지 못하는 사람처럼 늘 어버버댄다. 한번은 주문한 도서를 받아서 한참 읽다 보니 전에 읽은 책이었던 적도 있다. 한마디로 지식의 용량은 크게 변화가 없다. 하지만 많은 책을 읽음으로써 내가 선택할 수 있는 대안이 많아진 것 같은, 삶이 폭이 넓어지는 경험을 했다. 내가 책이 아닌 전자제품이나 화장품 리뷰를 했다면 어땠을까. 그보다는 지금 편안한 삶의 속도와 방향을 찾게 됐다는 생각이 든다.

요즘 다시, 읽는 책이 굉장히 비슷해 마지막 장을 덮을 때면 기시감을 느낀다. 전에 읽었던 어떤 책과 연결되는 재미가 있긴 하지만, 이제 떠날 때가 된 게 아닐까. 생전 안 읽은, 내 돈 주고 사보지 않을 또 다른 책으로 말이다.

우리 딸이 유튜버인데 말이야

회사를 나올 때 부모님이 안 말렸냐는 질문을 꼭 받는다. 우리 엄마는 자식이 무얼 하든 지지하겠다는 결심이 있는 분이셨다. 내가 휴학하고 쇼핑몰을 창업할 때도, 남자친구와 해외여행을 한 달씩 갈 때도, 회사를 나와 창업을 할 때도 별다른 말없이 그러라고 해주셨다. 부모님의 이런 묵묵한 지지는 항상 나 스스로 한계 짓지 않고 도전할 수 있게 한 힘이었다. 지나고 보니까 그게 얼마나 어려운 일이었는가를 새삼 깨닫는다. 얼마나 많은 순간, 목구멍까지 차오르는 질문을 삼켰을까. 아빠 역시 퇴사의 뜻을 밝혔을 때 몇 마디 묻고는 끝에 이렇게 덧붙였다.

"알았다. 그래도 네가 어디 다닌다고 얘기하기는 좋았는데."

한 회사 선배는 굉장히 현실적인 조언을 해줬다. 바로 결혼한 후에 회사를 나가라는 것. 회사를 나가는 순간 소개팅에서 만나는 사람들이 달라질 거라는 얘기였다. 속물이라는 생각을 할 수도 있겠지만 이건 정말 있는 그대로의 사실이었다. 아무래도 회사 안에 있으면 비슷한 사람끼리 만나게 되기도 하니까. 또 다른 조언으로는 회사 다닐 때 대출을 받으라는 얘기가 있었는데 아… 이건 정말이다. 그때 집을 샀어야….

친척들은 더 반대를 했다. 주로 사업을 하시는 어른들이 그랬다. 지금은 애정이라는 걸 이해하지만 그때는 너무 듣기 싫었다. 그때마다 아빠가 쉴드를 쳐주곤 했다. 지금 생각해보면 엄마아빠가 내 편이라는 것은 돌아올 구석이 있다는 뜻인 것 같다. 배수진을 쳤다고 생각했는데, 든든한 뒷배가 있었던 것이다.

그렇다고 해도 세상 사람들이 다 그렇게 너그러운 것은 아니었다. 새로운 사람을 만날 때 그나마 "스타트업 해요."는 좀 나았는데 "유튜버에요."는 좀 머쓱했다. 무슨 스타트업인지 설명도, 이해도 어려운 게 그나마 낫달까. 오랜만에 만난 동기들도 마찬가지였다. SNS로 내 소식을 접한 지인들이 보통 "잘 보고 있어, 대단하다."라고 말하면 어쩐지 하하 웃고 어색해졌다. 아니 사실은, 나도 그렇지만 우리는 생각보다 서로가 하는 일에 관심이 없다. 낯선 이에게도, 지인에게도 뻘쭘함을 느끼는 건 결국 내 몫이었을 뿐이다. 나한테 유튜버라는 라벨을 붙이기가 영 어색했거나, 이게 어떤 사회적 역할인지 설명이 안되는 난감함이었을지도 모른다.

10년 전 신입사원으로 같이 회사 욕을 하던 동기들이 어엿한 팀장이 되고, 전문성을 갖추고, 회사에 애사심이 커지는 걸 보면 회사가 주는 소속감이란 매우 크고, 안전하다는 걸 느낀다.

회사 밖에 있는 우리는 그걸 어디에서 얻을 수 있을까. 무엇으로 대체할 수 있을까. 나 같은 경우는 회사를 '만들어서' 그걸 찾았다. 이를테면 회사 구성원이 혼자인 순간조차 회사 명함과 대표라는 직함과 홈페이지를 갖추는 것이다. 메일에 답변할 때도 '저는' 대신 '저희는'이라고 쓴다. 그리고 팀원들이 생기고 월급을 걱정해야 할 순간이 오면 묵직한 안정감과 책임감이 함께 생긴다.

누구나 회사를 만들고 싶어 하는 건 아니니까, 소속이 없이도 소속감을 주는 건 크게 세 가지 정도가 있다. 먼저 '성취'다. 골드버튼이나 큰 매출을 성취하면, 상대적으로 소속감이 덜 필요한 게 아닐까. 설명을 좀 덜 해도 되니까 말이다. 두 번째는 '영역'이다. 출퇴근할 사무실을 얻으면 딱 월세 내는 만큼 마음이 편안해진다. 그리고 세 번째는 '사람'이다. 직원이거나,

도움 받을 수 있는 크루가 있거나. 어깨 걸고 같이 갈 동지가 있다는 것은 가장 확실한 소속감을 준다. 나는 사무실에 함께하는 팀원들도 있지만 밖에서 느슨하게 오랫동안 같이해온 동료들이 있는데 심심한 위안을 얻곤 한다.

하지만 물리적인 요소보다 강력한 화학적 요인이 있다. 먼저 '적응력'이다. 변화에 따라 유튜버라고도 불렸다가, 크리에이터도 되었다가, 긱워커 Gig worker라고도 불리는. 어떤 환경에서도 적응하고 새로운 규칙에 따를 수 있는 유연함이 아닐까. 또 한 가지는 '뻔뻔함'이다. 네가 나를 뭘로 보든 나는 내 갈 길을 가겠다는 뚝심. 그리고 실은 상대도 나에게 별로 관심이 없다는 것을 인정하는 태연함. 둘 다 나에게 조금씩 부족한 것들이다.

소속 없이 산다는 것이 주는 긍정적인 측면도 제법 많다. 먼저 가장 중요한 '유연 근무제'. 특히 출근 시간이 고정되지 않았고 지옥철에 시달리지 않아도 된다는 건 모든 단점을 상쇄할 만한 복지다. 나의 경우 최대치로 밍기적거리고 9시까지 잘 수 있다. 미라클 모닝을 해도 좋지만 매일매일 늦게까지 단잠에 빠질 수 있다는 건 특권이다. 또, 전국에 도서관이나 대학교 등등에서 강의 기회가 있는데 나에게도 출장이 있어 참 기쁘다. 이럴 때는 강의비를 교통비와 숙식에 탕진하면서 전국의 식도락을 즐긴다.

그리고 이 일을 하면서 가장 큰 즐거움은 뜻밖에 덕질이 이루어진다는 것이다. 우리 팀 막내님이 알려준 말 중에 '덕못계'라고, 덕후는 원래 계를 못탄단다. 그러나 각 분야의 고수, 인플루언서 분들이 종종 책을 내 주시는 덕분에 감사하게도 인터뷰를 하거나 북토크의 사회를 볼 기회를 얻곤 한다. 물론 라이브에 약한 나는 땀범벅이 되는 흑역사를 남기기도 하지만, 평소 좋아하는 분들을 직관할 수 있는 감사한 기회를 얻곤 한다.

그런데 가장 감사한 순간이 있다. 그건 아주 이따금, 누군가가 나를 알아봐 주는 것이다. 이건 정말 유튜브가 주는 뜻밖의 즐거움이다. 주로 책과 관련된 자리에 서지만, 가끔은 길에서나 어느 날은 상갓집에서도 구독자님을 만난다. 알아봐주고 인사해주시면 어찌나 감사하고 동시에 겸연쩍은지. 그럴 때마다 드는 생각은 정말, 착하게 살아야겠다. 항시 누군가 나를 보고 있다고 생각하고 바르게 살아야겠다는 생각이 든다. 하지만 이것은 동시에 내가 사회의 구성원으로 살고 있다는 안도감이 아닐까.

내가 회사를 박차고 나왔을 때 내심 나보다 더 불안했을 부모님. 요즘은 내 채널의 전도사가 되어, 어디 가서 꼭 그렇게 구독자를 늘려 오신다. 아빠네 동네 사람들은 전부다 내 영상을 잘 보고 있다고 말씀하신다. 그러니 됐다. 장점과 단점이 제법 똔똔이다.

내 은퇴는 내가 정한다

대부분의 과정에는 예정된 끝이 있다. 입학이 있으면 졸업이 있고, 취업이 있으면 퇴직이 있다. 설령 그것이 예상보다 좀 빨리 올지언정. 누구나 가슴에 사직서를 품고 언젠가 올 마지막 날을 한껏 대비한다.

일도 그렇다. 대개 시작이 있으면 마감이 있다. 어떤 프로젝트를 시작하더라도 마감을 향해 달려간다. 스타트업도 거의 엑싯EXIT이라는 문을 향해 나아간다. 나만 그런 건지 모르지만 엑싯이라는 말을 들으면 비상구에서 문을 열고 탈출하는 픽토그램이 함께 연상되는데, 그야말로 엑싯의 순간을 마주한다는 것은 캄캄하고 고통스러운 시간으로부터의 '탈출'인지도 모른다.

그런데 매주 혹은 매일 해야 하는 유튜브는 유난히 출구가 없어 보인다. 매번 새로운 영상을 올리지 않으면 멈춘 것과 다름없다. 과거에 올린 영상이 아무리 좋아도 끊임없이 제작하지 않으면 사라지고 만다. 유튜브의 세계에서 피드라는 강물은 계속 흘러가고 있다. 새로운 것을 계속 띄우지 않으면 과거는 저 멀리 흘러가버리고 만다.

그러다보니 나는 아직 '졸업'한 유튜버를 보지 못했다. 물론 소리소문 없이 사라진 유튜버야 셀 수 없겠지만, 명예롭게 은퇴한 유튜버는 본 적이 없다. 2002년에 방송을 시작한 유튜버 1세대 대도서관님도 근 20년째 꾸준히 방송을 하고 있다. 초등학생이었던 팬들은 어느덧 30대가 되었다. 하지만 100만 유튜버가 아닌 이상 한 번쯤 생각해봤을 거다. 도대체 유튜브란 것은 언제까지 해야 할까.

그럼에도 확실한 건 이 또한 끝난다는 사실이다. 어느새 풀에 지친 순간일 수도 있고, 새 직업을 결심했을 수도 있고, 유튜브가 더이상 메인플랫폼의 지위를 유지하지 못한 때일수도 있다. 높은 확률로 우리는 어느 날 갑자기 사라지는 유튜버중 하나가 될 것이다.

페이스북은 잊지도 않고 항상 내가 처음 시작할 때부터 중간 중간의 모습을 내게 상기시키는데, 못 봐줄 만큼 못하지만 지금보다 다소 파릇파릇 젊다는 것을 깨우쳐준다. 나의 마지막 영상은 언제, 어떤 모습일까? 지금보다 더 주름이 많아졌겠지? 앞으로 나는 이 일을 몇 년이나 더 해야 할까?

그렇다면 내가 은퇴를 정해보는 것은 어떨까. 언제까지 유튜브를 해야 할까에 대한 나의 질문은 여기에 도달한다. 내가 꿈꾸는 '노마드를 위한 전원의 숙소'를 지으려면 돈을 열심히 벌어야 하니까, 마흔 다섯까지 빡세게 해볼까. 아아 근데 40대는 나의 지식과 지혜가 적당하게 숙성된 전성기일 것 같은데… 그만두기엔 좀 짧지 않나? 50세? 요즘 나오는 책들을 보니 진짜 성공은 오십부터라던데… 그때쯤은 짬에서 나오는 바이브가 엄청나지 않을까?

원래 이럴 생각이 아니었는데, 막상 은퇴 나이를 고민하면서 글을 쓰다 보니 미래의 모든 내가 아쉽다. 지금보다 원숙하고 더 많은 것을 알거라는 가정 하에 말이다.

하지만 아마도 나의 의지와는 상관없이 회사처럼 육십세 정년을 채우는 유튜버가 되기는 어렵지 않을까. 유튜브가 이제 열일곱 살인 걸 감안하면, 앞으로 약 23년 뒤인 나의 환갑 때는 어떤 서비스가 메인이 될지 상상이 가질 않는다. 적어도 '유튜버'라는 직업은 이미 없지 않을까 싶다.

그러니 그 사이 어딘가 즈음에, 예를 들면 만 10년이 되는 해에는 스스로 공로상 같은 걸 수여해야 겠다. 유튜브가 번쩍이는 실버버튼을 안준다고 해도, 적어도 나는 꾸준히 해온 나를 스스로 격려해야 겠다. 내 10년의 모습을 기록해준 유튜브와, 그 모습을 지켜봐준 독자 분들께도 감사해야겠다. 그리고 멈춰서 잘 걸어왔는지, 계속 가도 될지 살펴야겠다.

또 한 가지, 끝에 대한 글을 쓰다 보니 모든 순간을 즐겨야겠다는 생각이 처절하게 든다. 매일 반복되는 일을 한다는 건 지루하고 힘이 들지만, 유튜브라는 무대에 영상을 올리고, 사람들의 '좋아요'를 받는 순간은 얼마나 희열 있던가. 도움이 됐다는 댓글이라도 하나 달리면 또 얼마나 기쁜지. 언제 은퇴할지 정해보려니 쉽지 않다. 할 수 있는 지금에 감사하자는 생각이 더 커진다.

언젠가는 끝이 있을 거다. 그게 언젠지는 덜 중요한 것 같다. 중요한건 끝이 있으니, 그때까지 즐기자는 것.

마지막 독자가 있을 때까지 감사하게 콘텐츠를 만들고 싶다. 그리고 꼭 끝내기 전에 나만이 할 수 있는 마스터피스를 남기고 싶다. 다행히 아직 기회는 많은 것 같다.

중요한 건, 1등을 안 해도 된다는 사실

나만 알고 싶었는데 잘 되어버린(?) 가수 중에 선우정아와 바버렛츠가 있다. 이제는 정말 많은 사람이 알고 사랑하지만 나는 정말 초기부터 이들을 좋아했노라고 자부할 수 있다. 어쩌다 이들을 공중파에서 보게 되면 반가움과 함께, 너무 유명해지는 건 싫은 소위 '홍대병'이 도지곤 한다. 이 두 뮤지션이 같이 부른 노래 '차트 밖에서'를 오래오래 듣고 있다. 차트 밖에 있는 뮤지션들에게 응원을 전하는 노래 가사인데, 나는 이 노래를 나 빼고 다 잘되는 것 같은 날에 듣는다.

유튜브를 처음 시작했을 때 나는 생각보다 빠른 주목을 받았고, 솔직히 말해서 뭐라도 된 줄 알았다. '책으로도 유튜브를 할 수 있다'라는, 지금은 아주 김이 빠진 아이디어를 내가 조금 일찍 시작했다는 행운으로, 여러 매체에서 인터뷰를 해보고(SBS 저녁 뉴스에도 나왔다.) 잡지 화보도 찍어보고 네이버 메인에 기사가 떠서 연락이 끊긴 초중고 동창들과 해후를 하기도 했다. 나는 정유정 작가님, 이외수 작가님부터 국내 유명한 저자님들을 줄줄이 인터뷰할 행운을 누렸고, 책과 관련된 모든 행사에 초대받았다.

하지만 인기는 짜게 식었다. 나는 유튜브 구독자를 만들어내지 못했고, 지속적인 영향력을 만들어내지 못했다. 나보다 늦게 시작한 유튜버들이 구독자가 훨씬 많아졌고, 나에게 유튜브를 자문했던 친구들의 채널이 더 커졌으며, 나랑 같이 출발했던 사람들은 저만치 달려가고 있었다. 책 관련 연례행사에는 내 이름 대신 다른 이의 이름이 있었다. 애써 스스로를 속이긴 했지만, 계속 침잠하고 있었다. 나는 오랜 시간 상처받기 싫어서 부러운 사람들의 계정을 구독해제하는 방식으로 겨우 나를 지켜내고 있었다. 지금 생각해보면 참 쪼잔한 방식으로 말이다.

그러면서 나는 세상에 얼마나 많은 사람이 차트 밖에 있는지 깨달았다. 솔직히 말해, 애정하는 선우정아님과 바버렛츠 친구들은 차트 밖에 있을지언정 '듣보'는 아니지 않은가. 이미 수많은 팬이 사랑해주고 있는데, 그렇다면 얼마나 많은 '듣보' 뮤지션들이 또 이들을 동경하고 있을까. 우리 뇌는 용량이 너무 적어서 기억하고 주목하고 사랑할 수 있는 뮤지션들은 얼마나 적단 말인가.

비단 뮤지션만의 일이 아니다. 스포츠계로 가면 스포츠 스타만, 게임계로 가면 몇 개의 대박 게임만 사랑받아 왔다. 연기, 개그, 미술계 할 것 없이 많은 사람이 무명의 설움 속에서 노력하고 있었다. 알고 보니 정말 '1등만 기억하는 더러운 세상'이다. 그제야 나는 세상에 얼마나 많은 사람이 차트 밖에서 똑같이 열심히 하고 있는지, 그들에게 눈이 가기 시작했다.

국민 모두가 아는 국민MC 유재석이 사랑받는 이유는 많고 많겠지만, 그중 하나는 우리가 '그'만큼이나 '그의 스토리'를 사랑한다는 것이다. 서럽고 힘없던 무명의 시간을 딛고 묵묵히 열심히 하다 보니 최고의 MC가 됐다는 그의 이야기는 우리의 팍팍한 일상에 위안을 주니까. 그런데 돌아보면 이런 성공 서사는 손쉽게 찾을 수 있어서 나도 모르게 중독이 된다.

"그래, 역시 어려운 세월이 있었어. 그 시간이 있기 때문에 결국 성공한 거야."

게다가 창업 후, 정말 고생한 걸 옆에서 눈으로 지켜보던 사람이 대박이 나면 이건 정말 제대로 뽕 맞을 수 있다. 기억 보정도 된다.

"그거 봐. 난 그 사람 대성할 줄 알았어."

자신감이 없을수록, 유튜브의 이런 자기계발성 제목

에 쉽게 낚이게 된다. 물론 이런 메시지 즉, '지금은 거지같고 힘들지만 버티면 너도 성공할 수 있어'라는 메시지는 척박한 현실을 잊게 해준다. 잠시 행복해진다. 문제는 "버티면 너도 1등이 될 수 있어"라는 명제를 수반한다는 것인데, 이 명제가 항상 참인 것은 아니다. 오랜 시간이 지나고 내가 1등이 되지 않으면 그것은 더 커다란 펀치로 돌아와 나의 뒤통수를 갈긴다.

나는 심리 상담을 받았던 변지영 선생님을 통해서 나의 프레임이 깨지는 경험을 몇 차례 했는데, 한 번은 이런 대화를 나눴다.

> **변지영 선생님:** 1등을 향해서가 아니라 그냥 묵묵히 계속하는 거예요. 내가 하는 것을 최고로 만들기 위해서. 그것에만 전념하는 거예요. 세계 최고의 장인들, 명성들도 다 그렇게 한 거예요. 1등을 위해서 한 게 아니죠.
>
> **나:** 아, 그러면 선생님. 1등을 해야 한다는 사실을 잊고 내가 하는 일에 전념하면, 1등이 되는 건가요?
>
> **변지영 선생님:** (웃음을 터뜨리며) 아, 많은 사람이 오해를 하는데요, 중요한 건 1등을 안 해도 되는 거예요.

나는 얼마나 우문을 던졌나. 그만큼 나는 1등을 향해 노력하는 삶이 당연했다. 매일매일 내가 하는 일은 1등을 향한 칼갈이였다. 여러분은 모르셨겠지만, 나는 지금껏 만든 모든 콘텐츠 하나하나 1등을 노리고 만들었다. 1등 안 하고 싶은 사람이 어딨겠는가. 그제야 나는 어렴풋이 깨달았다. 우리는 '1등을 안 해도 괜찮다'라는 명령에는 반응할 수 없게 오랫동안 세팅이 되어온 것이다. 아니, 김연아 님이, 아이유 님이, 김연경 님이 '1등을 안 해도 괜찮다'라고 외치는 모습이 상상이 가는가? 혹시 여러분도 그렇지 않은가. 이 대목을 읽었을 때 거부반응이 생기는 것이 말이다.

'에이, 그래도 1등을 추구는 해야지. 저렇게 생각하고 자위하는 거 다 정신승리야.'

나는 이런 내면의 목소리와 오랫동안 싸워야 했다. 게다가 나의 사고방식은 오랫동안 경영학과 창업가적 논리에 의해 프로그래밍 되어 있었다. 내가 좋아하는 것을 추구한 적은 없었다. 목표지점에 도달하기 위해서 시장을 분석하고, 고객의 니즈를 파악하고, 목표를 달성할 수 있는 전략을 짰다. 나는 내 성공을 통제하기 위해 노력했고, 유튜브도 같은 방식으로 했다. 구독자들의 니즈와 데이터를 읽으려고 했다. 이런 나의 노력은 성공한 적이 없었다. 매번 내가 제일 잘 됐을 때는 내가 의도하지 않은 순간들이었다. 유튜브의 시작도, 영광의 순간도 나의 의도를 벗어나 있었다.

변지영 선생님과의 대화를 한참 곱씹고 나서야, 나는 내가 언젠가 꼭 1등을 할 수 있는 건 아니라는 사실을 받아들일 수 있었다. 하면 좋지만, 못할 수도 있다면, 그게 내 인생의 목표가 될 수는 없었다. 나는 차라리 다른 목표를 갖기로 했다.

'1등을 안 해도 행복할 수 있는 일만 하자.'

1등의 한순간 희열을 느끼기 위해서 사느니, 하루하루 1등 안 해도 재밌어서 미쳐버릴 일들로 채우고 싶었다. 다행히 콘텐츠를 만드는 일은 나에게 그런 일이었다. 글을 읽고, 쓰고, 이야기를 창조하고 영상으로 재구성하는 일은 내가 즐겁고 감사하게 매일 하는 일이다. 이 일은 1등 못하고 세상에 안 알려지고 죽는대도 내가 할 수 있는 일이 맞다는 판단이 들었다.

그리고 1등은 아니지만 매 순간 최고의, 내 능력으로 만들 수 있는 최선의 것을 만들기 위해 노력한다. 하나하나 내 손끝에서 업로드되는 모든 나의 아가들이 세상에 좋은 이야기가 되어 퍼져나가는 것. 한 사람만이라도 심금을 울려 감동하는 것. 나는 내가 1등을 못할 수도 있다는 사실을 받아들이고 목표를 수정했다.

선우정아님의 라이브를 듣는다. 너무 멋있다. 행복해 보인다. 그녀의 음악은 최고고, 그녀도 그걸 알고 있다. '차트밖에서' 클라이맥스는 이렇게 속삭인다.

> 차트 밖 친구들아
> 성적이 중요한 게 아니야
> 건강하게 오래오래 음악 합시다

2장

내가 그만두지 않으면
평생 다닐 수 있는 회사

멋지기는 개뿔

가끔 정말 안 친하거나 멀리서 보는 사이에서 "멋져요." 라는 말을 듣는다. 물론 그 사람도 그렇게 심각하고 무겁게 하는 얘기가 아닌 거 안다. 아는데도 가끔 그 말을 주워다가 가만히 들여다본다. 맥락을 들어보면, 퇴사하고 유튜브로 먹고 사는 일이 그래 보이는 것 같기도 하고, 콩만 한 회사라도 대표라는 명함 달고 내 회사를 운영하는 모습을 그렇게 형용하는 것 같기도 하다. 너무 손사래 치는 것도 예의가 아닌 것 같고, 하지만 진심으로 긍정할 수도 없어서 나는 어색하게 웃으면서 고개를 꾸벅인다.

때로 중고등, 대학교 동기들을 만나거나 혹은 인스타그램을 통해 그런 말을 듣기도 하는데, 역시 겸연쩍다. 난 원래 잘 놀림받고 갈굼당하는, 다소 만만한 포지션에 있던 친구였기 때문에, 못 본 시간이 서로를 그럴싸하게 만들었나 싶고 낯설다. 계속 연락하고 지냈으면 여전히 찌질한 나의 모습, 예를 들어 경제적으로 불안정하고, 대출도 잘 안 나오고, 격무에 시달리는 불완전 노동자로서의 나를 알 텐데 말이다.

반면, 사회 나와서 만난 사람들은 좀 다른 맥락에서 나를 본다. 내가 1인 사업 중인지, 유튜버인지, 직원이 있는지, 독립 사무실이 있는지, 연 매출이 얼마인지에 따라 평가받는다는 느낌이 들 때가 있다. 정말 궁금해서 물어봤을 뿐, 아무런 의도가 없었음을 알지만 내가 굳이 그 질문을 그렇게 듣는 것이다. 특히, 이직과 승진, 육아와 골프, 부동산이 메인 소재인 직장인들과의 대화방에선 나는 문득 이방인이 된다. 한때 매우 친했던 회사 동기들은 지금 무슨 생각을 하고 사는 걸까, 어떤 가치관의 레이어를 갖고 있고 나는 거기 어디쯤 있을까. 때로 몹시 궁금해진다.

창업하고 만난 사람들은 더 다채롭다. 아무튼, 만나면 일 얘기가 반이다. 일과 삶이 하나로 딱 달라붙어 있는 사람들. 주로 하는 얘기는 요즘 시장이 어떻게 돌아가는지, 업계에서는 누가 잘하는지, 그동안 각자 어떤 성과와 시행착오를 만들어왔는지를 얘기하다 보면 시간이 금방 가고 고충을 나누다 보면 여지없이 전우애가 흐른다. 그런데 여기에도 외로운 순간은 온다. 일과 삶이 너무 붙어있다 보니, 외적인 성장과 성공이 곧 그 사람의 크기로 느껴지기 쉬워진다는 것. 나의 첫 창업이 성과 없이 사라진 때나, 지금의 내 성적을 설명해야 하는 순간이 그렇다. 성과만큼 어깨가 펴지기도, 움츠러들기도 한다.

나는 계속 같은 모습인데, 어디에 가느냐에 따라 멋있는 사람이기도, 딱히 멋이랄 것 하나도 없는 프리랜서가 되기도 한다. 누구나 그렇겠지만 소속이 없는 창작자거나 긱 워커라면 이런 설움이 더 크게, 위협적으로 느껴지는 순간이 있을 것이다. 보편적으로 나를 설명할 기준이 희미하기 때문이지 않을까 싶다. 이 정도면 사회적 지위가 어느 정도인지 가늠할 수 있는 기준의 밖에 사는 것 같다. 이런 불편함을 극복할 수 있는 가장 간편한 방법은 나를 불편하게 하는 이들을 보지 않는 게 아닐까. 게다가 코로나라는 불가항력의 상황이, 우리가 누구를 만나 열심히 내 삶을 해명하지 않아도 되게 한다는 점에서, 누구나 한 번씩 속으로는 '오히려 좋아!'를 외쳤을지도 모른다.

하지만 사람들을 안 만나는 것은 굉장히 임시방편이어서, 어떻게든 나를 규정하려는 시도와 다시 마주하게 된다. 열심히 도망쳐놓고 결국 페이스북과 인스타그램으로 기어 들어가 셀프 싸대기를 맞는다. 이쯤에서 인스타그램을 대하는 내 병리적 행태에 대해 고백해야겠다. 나는 인스타그램에서 남이 자랑하는 것을 보기 싫어서 다른 이를 거의 팔로우하지 않는다. 내 정신건강을 위해서 페이스북 피드도 거의 보지 않거나 나에게 타격을 주는 잘난 지인의 게시물을 가리기도 한다. '왜 맞팔을 하지 않느냐.', '우린 그 정도로 안 친한 거냐.'는 비판을 여러 차례 받은 바 있다. 그렇게 말한 사람만 팔로우하고 보통은 취미, 정보 계정을 팔로우하고 있다.

하지만 나는 너무나도 열심히, 내가 어떻게 보일지에 대해 내 타임라인을 세팅한다. 페북에는 내가 하는 활동을, 인스타그램에는 행복한 일상을 부지런히 게시한다. 나는 이중적인 나를 보며, 이 정도면 병이라는 생각을 한다. 오늘 내가 고백한 일련의 피해의식과 이중적인 행동이, 모두 남의 '시선'을 지나치게 의식한 탓이라는 걸 나는 안다. 모든 순간에 내가 어떻게 보일까로부터 자유로울 수 없다.

그래서 나는 "멋져요."라는 말이 유쾌하지가 않다. 평가의 대상이 되면, 그게 좋은 평가일지라도 인간은 우울해지기 때문이다. 이것이 콘텐츠 노동자 혹은 긱 워커에게 더 많이 나타날 거라는 것은 그저 나의 심증이다. (연예인에겐 극히 자주 일어날 것이라고 믿는다.) 그러나 이들은 확실히 스스로를 정의하기 어렵고, 소속감을 느끼기 힘들며, 끊임없이 노출되고 평가의 대상이 되기 쉬운 것은 사실이다.

'시선'에서 벗어나기 위해 오랫동안 갖은 노력을 했다. 시선을 의식하는 삶이 나를 끊임없이 도마 위에 올려놓는다는 것을 깨닫고, 심리 상담을 받기도 하고, 명상에도 수차례 도전했다. 확실히 그러한 노력이 경주마처럼 달리기만 했던 나의 속도를 늦춰주고, 더 중요한 것을 선택하게 도와주었다. 하지만 나는 여전히 시선으로부터 자유롭지 못하다. 우리 모두는 '연결'되어 있기 때문이겠지. 이제는 그저, '내가 지금 다른 사람이 나를 어떻게 볼지 우려하고 있구나', '나를 별것 아닌 사람으로 볼까 봐 불안한 마음이 드는구나' 하고 알아차린다.

그럼에도 나를 자유롭게 하는 결정을 하려 한다. 멋지기 위해서가 아니라, 궁색하지 않기 위해서가 아니라, 내가 조금 더 자유인이 되기 위한 결정. 생각이 여기에 다다르면, 시선과 평가는 나를 불행하게 만들지 못한다.

콘텐츠 해서 먹고 살 수 있습니까

돌이켜보면 참 나쁜 생각이지만, 첫 회사에 입사할 때부터 나는 3년만 회사에 다니고 창업을 하겠다는 계획이 있었다. 나는 스마트폰 시대가 열리는 그 시점에 취업을 했고, 모바일 앱 시장에 한 획을 그을 원대한 포부를 품고 있었다.

하지만 3년 뒤 내 통장 사정은 그렇지 못했다. 딱 1년 더 벌어서 2년 치 여유 자금을 모아둘 셈이었지만, 6개월 후 통장 잔고는 역시 제자리였다. 더 미련을 두지 않고 회사를 나왔다. 퇴직금 천여 만 원과 몇 달 치 생활비가 들려 있었다. 불안한 나는 과외를 시작했다. 과외는 하고 싶지 않았지만, 카페에서는 쓸데없이 고학력에 나이 많은 나를(당시 20대 후반이었다.) 알바로 받아주지 않는다는 사실을 깨달았기 때문이다.

다행히 나는 지원사업 킬러였다. 수년간 여러 창업 지원사업에 선정되었다. 하지만 지원사업은 현금을 통장에 꽂아주는 게 아니라, 사업비 지출 형식으로 운영된다. 인건비가 지원되면 내 사비로 사무실 월세에 PC도 사야 했고 4대 보험, 부가세 하다 못해 회식비까지 정부 지원사업으로는 감당할 수 없는 지출이었다. 기술보증기금은 창업자들에게 비교적 손쉽게 대출이 됐고, 1억 원을 대출받을 수 있었다. 하지만 그 돈도 정부 지원이 종료되자 몇 달 만에 바닥이 났다. 끔찍한 사실은 우리에겐 매출이 없다는 점이었다. 월급은 절대 미룰 수 없다는 신념으로 엄마와 친구에게 변통했고, 정작 나는 카드값을 내지 못해서 독촉 전화에 시달렸다. 마지막 직원이 나가고 정신을 차려보니 빚 1억 원과 최악의 신용등급만이 남아 있었다.

한편, 그 시점에 우리가 개발한 앱을 홍보하기 위해 했던 책 읽는 라이브 방송이 예상 외의 좋은 지표를 만들고 있었다. 출판사는 광고하는 데 얼마인지 물어오기 시작했다. 좋으면서도 당황스러웠다. 나는 콘텐츠 사업을 생각해본 적도 없었고, 이러려고 회사를 나온 것도 아니었으니까. 나는 기업가 정신을 가지고 회사를 뛰쳐나온 개척자였다. 유튜버는 개척자하고는 거리가 멀어 보였다, 이때 오랫동안 멘토로 삼았던 선배에게 상담했는데, 그분의 한마디가 당시 모든 것을 바꾸었다.

"네가 인생에 항상 목표를 세우고, 깃발을 꽂기 위해서 살아온 건 알겠는데, 가희야. 한 번은 그냥 네 옆에 열린 문으로 가보는 건 어떻겠니."

정말 그랬다. 그냥 문이 조금 열려 있었고, 나는 문고리를 당겨 들어가기로 했다. 사실 다른 수도 없었다. 빚더미에서 나를 재건할 다른 방법도 없어 보였다. 나는 광고비를 책정하고, 매체 소개서를 만들어 출판사에 돌렸다. 나에게 친절했던 한 출판사 마케터님을 무턱대고 찾아갔다.

"광고비 100만 원에 3권 북리뷰 광고 영상을 진행해보시죠. 그 돈은 다 페이스북에 노출하는 비용으로 쓰겠습니다. 다만 책은 제가 정했으면 합니다. 그리고 영상 전후의 책 판매 지표를 공유해주세요."

돌이켜 생각해보면 출판사에서 신간이 아닌 구간을 마케팅하는 경우는 없었다. 그분은 없는 예산을 설득해서 승인받아 주었다. 나아가 나를 믿어주고 격려해 주셨다. 내 인생의 귀인이었다.

그때부터 일이 풀리기 시작했다. 한 달에 제작 가능한 최대 편수인 8편의 영상을 다 광고로 채웠지만, 책

광고를 하려면 한두 달 기다려야 할 만큼 많은 의뢰를 받았다. 나는 마케터의 관점에서 지표를 중심으로 의사결정을 할 수 있도록 도왔다. 성과가 좋은 게시물에는 노출 광고를 더 해서 효과를 끌어올렸다. 돌이켜보면 좋은 마케터였지만, 좋은 크리에이터는 아니었다. 그렇지만 북튜브를 처음 했다는 이유 하나만으로 시청자도 많았고, 언론에서도 많이 다뤄주는 행운을 누렸다.

한번은 직업을 주제로 다루는 모 매체에서 인터뷰를 청했다. 제목을 자극적으로 뽑는 매체라는 것을 알고 있었지만, 영향력 있는 매체라 수락했다. 매출을 묻는 질문에 나는 알리고 싶지 않다고 간곡히 말했지만, 기자는 내 도서광고비에 영상 수량을 곱해 임의로 이런 제목을 내 버렸다.

'책 꼭꼭 씹어주고 월 1,500만 원, 비결 물었더니'

이 기사는 널리 널리 팔렸고, 엄마에게 카톡이 왔다.

'가희야 돈 자랑하는 거 아니야.' 엄마 말은 언제나 맞다. 곧이어 전 동료에게도 연락을 받았다. '퇴직금 남은 거 빨리 정산해줘.' (변명을 하자면 떼먹으려 했던 게 아니고, 당시 여전히 여러 지인의 채무를 갚는 중이었다.)

기사 제목만 보면 지금쯤 부자가 되었어야 맞는데, 나는 여전히 채무가 있고 집도 없는 생계형 노동자다. 다만 초기부터 나는 항상 사업 형태로 운영해와서 매출이 발생하지만, 그와 별개로 회사원 월급 정도의 순익을 가져간다. 스타트업 형태로 운영하려고도 했었고, 그냥 프리랜서처럼 일한 기간도 있었다. 어쨌든 지금은 개인사업 형태로 운영하고 있다. 프리랜서는 비용이 별로 없어 매출이 곧 수익이 되는 구조이다. 웬만한 과정을 직접 소화하다 보니 자유도가 높지만 그만큼 생산이 제한적이다. 한동안 너무 지쳐, 일하고 싶지 않을 때 프리랜서로 지내며 원하는 만큼만 일했다. 직원이 없으니 외주 제작도 할 수 있는 만큼만 하고 혼자서 할 수 없는 일은 거절했다. 하지만 하고 싶은 게 너무 많고 좋은 기회가 자꾸 보여서 머잖아 다시 팀을 꾸릴 수밖에 없었다. 혼자는 할 수 있는 게 너무 적었다.

나는 직원을 한 명 이상 고용하는 시점부터 '사업'이라고 본다. 이때부터 사장은 일정 수준의 일을 계속 만들어야 한다. 필요하면 영업을 해서 '남의 일'을 하거나 당장은 돈이 안 되지만 영향력 있는 산출물을 도모하는 '우리 일'을 할 수 있다. 나에게는 이것이 큰 차이여서, 직원들과 함께 루틴을 넘어선 프로젝트들을 시도하는 에너지가 만들어진다. 하지만 이 역시 선형으로 성장하는 한계가 있다. 더 많은 일을 하려면 더 많은 사람을 뽑아야 하고, 매출과 비용이 유사한 기울기로 증가하면(이 경우 스트레스만 기하급수적으로 증가한다.) '대체 왜 성장해야 하는가'라는 질문에 끊임없이 부딪히게 된다.

사업이 투자를 받아서 재무적 엑싯을 목표로 성장하

면 '스타트업'이라고 본다. (나의 정의다.) 이런 경우, 매월 매출이 비용을 초과하여 수익을 남기는 게 목표인 개인 사업과는 달리, 기하급수적 성장을 만드는 임계점까지 빨리 도달하는 것이 사업의 목표다. 규모의 경제를 만들기 위해 여러 자본을 계속 끌어들이고 파이를 키운 다음 투자한 이들이 함께 나누어 가져가는 구조다.

나는 사실 처음에 이런 그림을 그리고 창업에 뛰어들었다. 하지만 여러 형태를 경험하면서 사람마다 더 잘 맞는 옷이 있다는 것을 깨달았다. 뭐가 더 좋고, 뭐가 덜 좋은 문제가 아니라 자기를 잘 이해하고 전략을 세우는 문제인 것이다. 우리의 궁극적인 지향점이 부자가 되는 것은 아니라고 생각하지만, 부자가 되는 것이 중요하다고 본다면 프리랜서가 빨리 부자가 될 수도, 사업가가 더 크게 부자가 될 수도, 스타트업일 수도 있다. 속도와 방향의 크기가 저마다 다른 만큼, 우리는 선택할 수 있다. 나는 천천히 성장할 수 있는 사업가가 나에게 맞다는 생각이 들었다.

콘텐츠를 해서 먹고살 수 있을까. 책《부의 추월차선》에서는 콘텐츠를 자산 투자만큼이나 중요하게 다루고 있다. 최근 몇 년간 유튜브가 터져서 대박 난 부자들을 우리는 많이 보아왔으니 충분히 수긍할 수 있다. 많은 사람이 그걸 보고 뛰어든다. 하지만 원하는 성취에 가능성을 곱한 '기댓값'은 직장인보다 훨씬 낮다.

결국, 우리는 터지기 전에 1단계 문제에 부딪힐 것이다. 콘텐츠 수입으로 삶을 영위할 수 있을 것인가. 그 질문에 'YES'라고 할 수 있으면, 그때 비로소 콘텐츠를 전업으로 삼을 수 있다. 그리고 나머지는 그저 씨앗을 뿌리는 지난한 시간들이다. 그 씨앗이 커져서 커다란 돈 나무가 될 수도 있고, 고기 먹을 때마다 따다 먹는 작은 상추 나무가 될 수도 있다. 다만 우리는 그게 어떤 씨앗인지, 열매를 맺을 때까진 알 수 없다. 그래도 일단 오늘, 씨앗을 심을 뿐이다.

내가 이것을 왜 해야 하는가

하나에 쉽게 꽂히는 편이라, 아이디어가 떠오르면 단숨에 기획안까지 쓰지 않으면 잠이 안 온다. 이런 성긴 생각들을 원페이지 기획안으로 쓰길 즐긴다. 그렇게 구글 드라이브에 잠들어있는 기획안이 수십 개. 나는 일에만 집중할 수 있도록 최적화된 '정신과 시간의 방'(만화 〈드래곤 볼〉에 나오는 공간으로 시간을 느리게 만드는 방이다.)을 운영해보고 싶기도 하고, 우리 강아지 복남이를 캐릭터로 하는 MD 사업도 하고 싶다.

회사 차원의 영상 콘텐츠도 그렇다. 우울증 이야기를 심층적으로 다뤘던 〈아임 낫 파인〉 프로젝트처럼 시리즈로 다루고 싶은 기획이 너무 많다. 진정한 소통에 관한 이야기도 다루고 싶고 혐오와 사랑에 관한 문제도 다루고 싶다. 또 아주 오랫동안 내 인생에서 중요한 주제였던 '북한'에 대해서도 꼭 콘텐츠를 만들고 싶다. 통일이란 문제를 차치하고서라도 북한에 대해 남미의 어느 나라만큼도 모른다는 생각이 들었고, 지리, 문화, 경제 상식을 콘텐츠로 다루겠다고 떠든 지 오래다.

한번은 창업계의 한 여성리더 분에게 우리 회사의 계획을 소개할 기회가 있었다. 특정 주제를 중심으로 깊이 있게 파고드는 콘텐츠를 연속해나갈 거라는 포부를 밝혔는데, 이렇게 되물으셨다. 우울증, MZ세대의 일이라는 주제는 그래도 연결이 되는데, 왜 갑자기 북한이냐고 물었다. 도대체 무슨 이야기를 전하고 싶은 거냐는, 조용하고도 단호한 물음이었다. 나는 말문이

막혔다. 나는 무슨 얘기를 하는 사람이고, 왜 하는 사람인가. 한때는 분명히 있었던 것 같은데. 말 그대로 이야기를 이어보니 하나의 이야기가 되지 않았다. 나에게는 주제의식이 없는 것 같았다.

훗날 장항준 감독님의 강의에서 나는 같은 이야기를 들었다. 왜 이 이야기를 만들어야 하는가. 내가 왜 이야기도 많은 세상에 이 이야기를 보태야 하는가에 대한 이유가 분명해야 한다는 것이다. 예를 들어 〈킹덤〉의 경우, 서양에 일찍이 더 많은 좀비가 있었지만 이렇게 감정 이입되고 불쌍한 좀비는 없었다는데 새로운 서사가 있었다. 픽사의 애니메이션에는 가족의 이야기, 우리 주변의 이야기가 있다. 아이가 크면서 버려지는 인형들의 이야기인 〈토이 스토리〉나, 노부부의 생애와 사랑을 다룬 〈업〉의 경우 한 줄의 서사만 봐서는 기존의 흥행영화에 비하면 턱도 없어 보이는 주제다. 그러나 많은 사람을 울렸다. 스튜디오 지브리의 얘기는 꿈같고, 어린 시절의 상상같다. 부모님이 돼지로 변하고, 문을 열 때마다 다른 세계가 펼쳐지는 지브리의 이야기는 어른들을 동심으로 돌려보냈다. 성공한 제작사는 일관된 세계관이 있다.

나의 세계관은 무얼까. 사실 없었던 건 아니다. 몇 명 안 되는 팀원들과 치열하게 토론도 많이 했고, 계절이 바뀔 때쯤이면 나는 내가 하는 일들과 회사의 존재 이유를 적고, 또 수정하며 매번 비전이란 걸 덧칠했다. 그럼에도 이런 질문이 너무 힘든 이유는 세 가지이다.

먼저, 지금 하는 일들이 모두 그 비전을 향하고 있는 것은 아니기 때문이다. 그동안 나는 얼음장 같은 편견을 깨부수고 다르게 생각할 수 있는 콘텐츠를 하겠다는 모토로 임해왔다. 하지만 내가 매일 하는 일들이 얼마나 이에 부합하는가를 생각해보면, 실은 그렇지 않다. 조회수에 의해, 혹은 수익원인 B2B 고객사를 중심으로 의사결정을 하는 경우가 더 많다.

두 번째는 내가 그 비전을 제일 잘 달성할 수 있을지에 자신이 없다. 정확히 말하면 그게 왜 너여야 하냐는 질문에 자신이 없는 것이다. 세상에 수많은 책이 더 오랜 시간 심층적인 탐구를 토대로 통찰력 있는 이야기를 하고 있다. 과연 내가 더 좋은 이야기를 할 수 있을까. "그게 왜 너여야만 해?"라는 질문 앞에서 한없이 작아지는 이유이다.

성실과 노력으로 다작을 하는 정명섭 작가님은, 책을 쓰는 것에 대해 고민하는 나에게 이렇게 얘기했다. 모든 사람이 다 우리 글을 읽는 건 아니며, 필요한 사람이 취사선택을 하는 거고 그 사람들이 많지도 않을 거라고. 그러니 우리가 세상에 중요한 무언가를 해야 한다는 부담을 갖지 않아도 된다고 말이다. 웃픈 위로였지만, 정말 마음이 놓였다. 너무나 많이 인용돼서 뉴턴에게는 미안하지만, 우리는 모두 거인의 어깨 위에 서 있다. 하늘 아래 새로운 이야기는 없다. 내가 하는 일은 그저 세상에 아주 조그만 조약돌을 하나 보태는 것뿐이다. 우선은 내가 대단한 것을 만들어야 한다는 강박을 버려야 한다.

마지막으로 내가 왜 이 이야기를 해야 하느냐에 대답하기 어려운 세 번째 이유가 있다. 애초에, 그것을 설명하기란 간단치가 않다. 존재에 이유가 필요한가. 그것은 '내가 세상에 왜 존재해야 하는가'만큼이나 답하기 어려운 문제다. 그런데 창업을 한 이래로 나는 끊임없이 그 질문을 받아왔다.

"왜 이 회사가 이 문제를 풀어야 하죠?"
"이 회사가 이 이야기를 해야 하는 이유가 뭐죠?"

나는 이 질문에 답을 하기 위해서 너무 많은 시간을 썼다. 실제로 사업하는 데 필요한 에너지까지도 질문에 대답하는 데 쓴 게 아닐까 싶다. 사실 어떤 소재를 가지고 와도 사람마다 다 다른 이야기를 만들 것이다. 어떤 소재를 보고 풀어내는 데 있어 그 사람만의 시각과 접근 방식이 고유함을 결정한다. 이걸 먼저 꼭 정의하고 시작해야 할까.

내가 좋아하는 콘텐츠 중에 '닷페이스'가 있다. 닷페이스의 창업 동기가 잊히질 않는데, 우리 세대가 보는 미디어는 다를 거라는 상상에서 출발했다고 한다. 정보의 홍수 속에 매일 밤 반복되는 자극적이고 걱정 가득한 뉴스 대신 일상 속에서 우리가 진짜 고민해봐야 하는 문제를 조명하기 시작한 것이다. 닷페이스가 무엇을 다루고 있는지에 대하여 설명한다면 독자마다 다른 이야기를 할 것이다. 나의 경우는 닷페이스가 '당연한 이야기지만, 아무도 꺼내지 않는 이야기'를 들려준다는 생각이 든다. "이거 잘못됐는데 왜 아무도 말 안 해요?" 같은 느낌이랄까.

닷페이스가 실제로 이런 관점으로 주제를 다루고 있는지는 잘 모르겠다. 하지만 어떤 주제를 닷페이스가 할지 아닐지, 어떤 관점으로 얘기할지는 대략 느낄 수가 있다. '닷페이스다움'이 있다. 이들이 이렇게 되기까지는 꾸준히 이야기해오면서 정체성을 형성해나갔기 때문이 아닐까. 이들은 아직 메이저 언론이 아니지만, 10년 뒤, 20년 뒤의 모습이 더 기대된다.

여전히 나는 매번 지금 하는 일을 왜 하고, 어떤 주제 의식을 담아야 할지 치열하게 고민해야 할 것이다. 하지만 그것이 쌓이고 닦이고 갈려서 자연스럽게 나다움을 형성해갈 거라는 생각이 든다. 조급해하지 않기로 했다.

아트와 비즈니스 사이

내가 애증하는 말 중에 ROI Return on Investment라는 말이 있다. '투자 대비 수익률', 즉 성과는 시간과 비용을 고려해서 계산해야 한다는 뜻이다. 신입 시절 내가 무슨 아이디어만 내면 'ROI 안 나오는 일'이라고 입버릇처럼 읊던 선배가 있었는데, 번역하자면 예산은 많이 쓰고 효과는 없는 일이라는 뜻이었다. 당시엔 그놈의 ROI 정말 꼴도 보기 싫었다. 그러나 사업을 시작하면서 나는 ROI라는 말을 입에 달고 살았다.

영상 편집자님이나 기획자님이 시간을 더 주면 더 잘할 수 있겠다거나, 이런 새로운 시도를 해보면 어떻겠냐고 제안하면 머릿속에 캘린더와 계산기가 돌아간다. 이 영상은 총 6MD Man per Day, (한 사람이 하루에 할 수 있는 양이 1MD이다.). 즉 모든 투입 시간이 6일을 넘기면 안 된다. 그래야 다른 영상도 하면서 한주에 한 편을 규칙적으로 생산할 수 있다. 성과(=조회수)를 극적으로 끌어올릴 수 있는 연출이 아니면 포기하고 넘어가야 한다. 그럴 때 나는, 내가 십 년 전 답답하게 여겼던 꼰대 선배가 되는 걸 느낀다. '그러니 새로움이 없고 매번 똑같지….'라고 말하는 팀원들의 속마음이 들린다.

야심차게 창업을 시작한 순간에는 모든 제약을 극복하고 세상에 새로운 것을 내놓겠다는 비전이 있었다. 하지만 네이밍에 한 달, 비전에 한 달… 하는 식으로 3년이 넘는 시간을 까먹으면서 나는 언제 완성될지 모르지만, 최고의 작품을 향해 나아가는 아티스트가 아니라, 주어진 자원으로 최대 효율을 달성해야 하는 비즈니스맨임을 깨달았다. (채무 1억의 값비싼 교훈이었다.) 그러다 보니 콘텐츠를 제작하는 투입시간에 민감해지고, 결과에 직접 영향을 주지 않는 노력은 그냥 포기하는 제작자가 되었다.

창작이 일상이 되고 생업이 되면 공수를 줄여야 하는 숙명이 생긴다. 물론 때로는 섬세하게 공을 들이는 작업이 있다. 오랫동안 고민하고 기획한 프로젝트들이다. 하지만 그런 작업조차 타협해야 하는 순간이 온다. 다만 좀 더 빨리 타협을 하고 손을 떼느냐, 좀 더 오래 붙들고 있느냐의 차이다.

그런가 하면 시간이 아니라, 이야기의 깊이를 타협해야 하는 지점도 있다. 나는 깊이 있고 새로운 통찰력을 주고, 지금까지 누구도 하지 못한 이야기를 하고 싶다. 책만 해도 어떤 책은 '어떻게 이런 통찰이 있을까!'하고 나를 깨워주기도 하고, 어떤 책은 '맞아, 그렇지….' 하고 고개를 끄덕이는 정도의 공감이 있고,

또 읽는데 들인 시간조차 아까운 책이 있기도 하다. 내가 하는 이야기는 첫 번째가 되고 싶다.

하지만 항상 첫 번째 부류의 책이 베스트셀러가 되는 건 아니다. 사실 반대로 갈수록 더 많은 사람이 보고 듣고 읽는다. 영상도 마찬가지다. 누구나 처음에는 지금껏 보지 못한 새로운 이야기를 새로운 시각으로 전달하고 싶다. 하지만 이미 검증된 소재를 활용할 수도 있다. 이를테면 내가 이야기하고자 하는 분야에서 가장 잘하는 채널의 콘텐츠를 인기순으로 정렬하여 잘 된 소재를 캐치하는 방법이다.

안타까운 사실이지만 이건 아주 유력한 성과를 보장한다. 주로 기획 단계에서 이런 갈등에 부딪히게 된다. 때로는 성과를 위해서 남이 했던 소재를 주워 담아야 할 때도 있다. 특히 다른 회사나 창작자와 협업을 할 때는 더욱 그렇다. 이때는 '팔리는 기획'이 '좋은 기획'이다. 더 좋은 이야기, 좋은 크리에이티브가 있어도 최대 다수가 호응하는 기획이 채택되는 경우가 많다.

그런데 이것이 끊임없이 내적 갈등을 유발하는 이유는 아마도, 콘텐츠를 내 분신처럼 생각하고 내 정체성을 실현하려는 수단으로 보기 때문이지 않을까. 콘텐츠에서 들려주는 이야기가 곧 내 이야기고, 내 생각이라면 부끄러운 이야기를 떠들고 싶지 않은 것이다. 내가 하고 싶은 이야기와 남이 듣고 싶은 이야기가 같다면 얼마나 좋겠냐만은, 그 간극은 좀처럼 좁혀지지 않는다. 그런데 둘 다 달성하는 자들이 분명 있다. 나는 이것이 '절대 경지'라고 생각한다.

바르셀로나에서 피카소 박물관에 들렀는데, 피카소의 생애를 살펴보니 그는 철저히 크리에이터라는 생각이 들었다. 피카소는 이미 예술적 역량이 최고조에 달했을 때, 사람들이 좋아할 만한 걸 창작하면서 미술계를 리드했다. 매거진을 발간하기도 했다. 사람들의 욕망을 잘 읽은 대가로 생전에 부와 명예를 일구었다.

내가 좋아하는 독특한 콘텐츠들은 마이너한 코드에도 불구하고 이미 어느 정도 성공을 거두고 있다. 이들을 보면 예술과 사업은 동시에 다잡을 수 있는 것 같다. 그래서 나는 요즘 생각을 좀 수정하기로 했다. 아트와 비즈니스는 창작에서 둘 다 빠뜨리지 말아야 할 중요한 축이다. 한 가지라도 부족하면 독자들의 사랑을 받기 어렵다.

문제는 주어진 자원 안에서 두 가지를 다 충족한다는 것은 현실적으로 쉽지 않다는 것이다. 진짜 좋은 얘기를 엄청나게 잘 해보자는 건 통제 불가능한 공허한 구호에 가깝다. 두 가지 요소를 동시에 고려하되, 선택의 기준이 필요하지 않을까.

최근 카페 '블루보틀'을 스터디했다. 로스팅한 지 48시간 이내의 원두로 핸드드립을 고집하고, 우유가 들어간 커피에는 무조건 라테아트를 그려준다. 정말 ROI만 생각하면 할 수 없는 일이다. 클라리넷 연주자였던 창업자 프리먼의 섬세함이 있었기에 장인정신으로 최고 품질의 커피를 선사할 수 있었다. 놀라운 건, 이렇게 어마어마한 공수가 들어가는, 다소 비효율적으로 보이는 사업이 스타벅스에 대항하는 거대한 커피 업체로 성장하고 커피 업계를 주도하고 있다는 사실이다. 그런데 그 과정은 에스프레소가 아닌, 핸드드립으로 커피를 내리는 만큼이나 아주 느렸다. 10년이 넘게 블루보틀은 작은 로컬 브랜드에 불과했고, 20년이 지난 지금 세계인들의 사랑을 받게 되었다. 결국, 커피 마니아들이 인정하고 세계인들이 사랑하는 커피가 된 데는 '자기다움'이 있었다. 외형은 커져도 커피의 맛과 경험에 있어서 포기하지 않겠다는 고집이 있었다.

창작도 커피를 내리는 커피 장인의 마음으로 하면 어떨까. 남들이 원하는 것만 할 수는 없고, 아무도 안 원하는 것을 할 수는 없지만. 자기다울 수 있는 주제를 오랜 시간 꾸준히 갈고 닦아 나가면, 알아봐주는 사람들이 있지 않을까. 자기다움이 있다면, 완벽하지 않아도 그 고유한 이야기를 좋아할 사람이 있지 않을까.

나는 '아트냐 비즈니스냐' 하는 오랜 갈등 대신, 자기다움을 택해야 한다는 결론을 내렸다. 물론 여전히

ROI를 포기할 수는 없을 것 같다. 하지만 명작이 나오기까지의 시간을 아주 오래 갖기로 했다. 길고 짧은 건 대봐야 하니까.

건강보험료와 원천징수

퇴사하고 놀랐던 것 중에 하나는 건강보험료를 이렇게나 많이 낸다는 점이었다. 오랫동안 수입이 없던 기간에도 건강보험료는 따박따박 내 주머니를 거둬갔다. 사실 여전히 4대 보험과 각종 세금을 꼼꼼히 들여다보지 않아서 뭐가 왜 때문에, 심지어 얼마가 나가는지도 정확히는 모르고 내라면 착실히 내고 있다. 이제는 매월 나와 직원들의 4대 보험 외에도 원천세, 지방세, 사업소득세, 부가세에 상하수도, 전기요금까지 고지서가 눈에 보이면 닥치는 대로 내고 있지만, 한때는 돈이 없어 국세, 지방세를 종종 밀리기도 했다. 독촉장과 벌금을 몇 번 받다보면 오늘날 안 밀리고 낼 수 있는 것만 해도 감사하달까.

그런데 요즘 심심찮게 발급하는 것이 있다. 나와 함께 일했던 프리랜서 친구들에게 떼어주는 '해촉증명서'다. 해촉증명서란, 어떤 회사와 일을 함께하다가 더 이상 함께 하지 않기로 했다는 것을 증명해주는 문서다. 프리랜서가 해촉증명서를 건강보험공단에 제출하면, 이를 근거로 건강보험료를 조정해주는 것인데, 암만 생각해도 해괴망측하다. 수입이 일정치 않은 자의 건강보험료를 산출하는 것이 쉽지 않다고 치더라도, 상시 근무한 일터가 아닌데도 "나 얘랑 일 그만할 거예요."라는 사실을 증명해야 한다니. 확실히 3.3%의 원천징수세를 떼고 페이를 받았으면 응당 모든 수입이 추적되고 있는 게 아닌가. 블록체인이 하루빨리 세금에 적용되어서, 이런 걸 프리랜서가 직접 입증할 필요가 없게 해야지! 이런 얘기만 나오면 흥분을 감출 수 없지만, 내 건강보험료가 왜 이렇게 비싸냐고 따져본 적 없는 나는 똘똘하게 잘 챙기는 후배들이 기특하다.

또 하나 잘 챙겨야 할 건 원천징수다. 프리랜서로 일을 하면 원천소득세 3.3%를 떼고 지급받은 후, 5월에 소득세를 신고할 때 환급받을 수 있다. (사실 내야 할 소득세에서 환급할 원천세를 감면해주는 형태이다 보니, 썩 돌려받는다는 기분은 들지 않는다.) 그런데 원천소득세를 처음 겪는 사람들은 이걸 잘 몰라서 멘붕이 온다. '아니 왜 내 돈을 떼주고, 나중에 환급받으라는 거지? 어디서, 어떻게?' 요즘에는 '삼쩜삼' 같이 좋은 서비스가 생겨서 도움을 주기도 하지만, 예를 들어 올해 11월에 잠깐 강의한 걸 내년 5월에 정산해주는 세금 세계의 기이한 일들은 언제나 낯설다. 나에겐 아직도 이런 낯선 일들이 계속 일어난다. 회사에 있을 땐 연말정산 하라고 메일 오면 그것만 시키는 대로 잘하면 됐던 거 같은데, 도대체 이런 건 왜 생전 아무도 안 가르쳐주다가 어느 날 지식인을 뒤지면서 머리를 쥐어뜯으며 습득해야 하는 걸까.

연초에 세금폭탄이 훑고 지나가면, 내 통장이 널널해진다. 알곡을 모아놓은 작고 귀여운 곳간이 헛헛해진다. 매년 비슷한 패턴을 반복하다보면 이런 생각이 든다.

'내가 1년을 나기에 필요한 금액은 어느 정도일까. 나는 매년 얼마를 벌어야 할까.'

프리랜서는 얼마를 벌고 '싶은지' 선택할 수 있다.(얼마를 벌지가 아니다.) 내가 마음으로 존경하는 동료 한 명은, 1년에 천만 원만 벌기로 했다. 그리고 천 만 원을 얼마나 빨리 벌까 고민했다. 천만 원을 버는 것은 고부가가치 활동을 선택해 몇 주만에 달성할 수 있었다. 그리고 1년의 나머지 날들은 매일 아침 오늘은 뭐할까를 고민하며 여유롭게 보냈다. (그는 주로 탁구를 치거나 도서관에 가거나 강아지를 산책시켰다.)

나 역시 시간과 돈이라는 양 축 사이 어딘가에 레버를 놓을 수 있다. 물론 목표가 대개 더 돈 쪽으로, 그것도 극단적 방향으로 맞춰져 있고, 매년 그 목표를 달성치 못한다고 해도.

그런데 한 가지 자명한 건 많이 벌려고 할 때는 지출도 커졌다는 사실이다. 많이 번다는 건 대개 일을 많이 해야 한다는 뜻이었는데, 시간을 비롯한 기회비용이 줄줄 새나가곤 했다. 하다못해 바쁘면 곧잘 대중교통 대신 택시를 탔고, 배달음식을 시켜 먹었다. 더 이상 안 쓰는 BGM 유료사이트를 1년 이상 매월 결제하고 있는데도 알아채지 못했다.

직장인의 근로소득은 정해져 있는데 반해, 프리랜서나 사업자의 사업소득은 정해진 바가 없다. 돈이 없었을 때를 생각하거나, 미래에는 돈을 못 벌지도 모른다는 두려움, 그리고 더 벌어야 한다는 욕심이 절제를 모르는 삶으로 나를 몰아넣었다. 나와 같은 입장인 남편의 취미는 1년치 현금 흐름표 엑셀을 끊임없이 튜닝하는 것인데, 나 역시 장부를 바라보고 있으면 내면에서 '더, 더, 더!'라는 소리가 들리곤 한다. 그런데 그만큼이나 요즘은 게으름 세포가 목소리를 낸다.

'덜 쓰고 덜 벌래… 노는 게 제일 좋아….'

시간이 많아지니까 돈 아끼겠다고 냉장고를 털어서 요리도 해먹고, 카드 명세서도 항목별로 뜯어볼 수 있었다. 사고 싶은 게 있는데 통장에 여윳돈이 없던 적이 있는데, 마침 국민건강보험공단에 환급액 안찾아간 게 생각났다. 번거로운 양식을 작성해서 우편으로 보내면서 얼마나 신이 났는지. 또 나도 모르게 네이버 TV에서 발생한 소정의 광고수익도 발견해냈다! 돈을 덜 번다는 것은 운신의 폭을 좁혀서 두 발을 땅에 잘 붙게 해주었다. 많이 벌고 싶다고 당연히 많이 버는 것도 아니지만, 프리랜서라면 한 번쯤 고민해봤을 문제가 아닐까. 나의 연봉은 어느 정도가 적절한가. 나의 노동 시간은 어느 정도가 적절한가.

나의 동료가 되어 달라고 외쳤다

얼마 전 내가 좋아하던 팀장님을 꼬셔서 우리 회사의 기획자로 모셔왔다. 출판 마케터로 만나 서로 꼬꼬마 시절부터 격려해왔던, 외부의 동료다. 7년간 술잔을 기울이고, 속마음을 터놓고 고민을 나누고 하나라도 서로 도움이 되고팠던 시간이 쌓여온 보기 드문 인연이다.

그런 그녀를 우리 회사로 감히 꼬셔온 것이다. 나는 큰 회사를 경험해본 그녀가 우리 같은 꼬꼬마 회사에

오는 것이 걱정되지 않을까 조심스러웠다. 하지만 막상 그녀가 걱정했던 건, 회사의 크고 작음보다 일의 경중보다, 커리어의 개연성이었다. 마케팅을 하다가 갑자기 콘텐츠를 해야 할 때의 당혹스러움을 미처 예상치 못했다. 출판사나 영상 회사나 지식콘텐츠를 달 한다는 데서 같은 결이 아닐까, 막연히 생각했는데. 콘텐츠를 만들어야 한다는 당혹감이란. 계약서에 도장을 찍을 때야 비로소 내가 미처 거기까지 배려하지 못했음을 깨달았다.

회사를 떠나온 이래로 직무에 대해선 고민해본 적이 없었다. 전방위로 일해야 했기 때문이다. 나는 서비스 기획을 하고 싶었는데, 큰 기업에서 내가 할 수 있는 서비스 기획은 고작 몇 페이지에 불과했고, 그나마도 팀장님과 상무님의 무수한 피드백 사이에서 내 생각은 남아나질 못했다. 나의 주니어 시절의 기억은 어른들과 대행사 사이에서 말만 전하다가 스트레스로 심각한 위궤양을 얻었다는 것. 내가 하고 싶은 서비스 기획을 맘껏 하고자 회사를 퇴사하고 창업했다. 다시 돌아간다면 더 잘할 수 있을 것 같고, 아쉬움 투성이인 회사생활은 3년 6개월만에 퇴사와 창업으로 마무리했다. 요즘은 흔해진 퇴사스토리다.

다른 얘기지만 지금 다시 회사에 입사한다면, 그 회사가 가장 경쟁력을 가지고 있는 코어 팀으로 가고 싶다. 예를 들어, 통신사가 가장 잘하는 요금설계나 대리점 상권분석, CRM같은 부서에 가서 그 회사의 오랜 사업 노하우와 데이터를 들여다봤으면 어땠을까. 주니어인 나는 내가 하고 싶은 일에 천착했고, 모바일 서비스 기획을 할 기회를 호시탐탐 노렸으며, 소셜 커머스, 온라인 마케팅, 서비스 기획 같은 이름표에 홀렸다. 하지만 회사 문을 닫고 나와 보니 그 회사가 진짜 잘하는 것 근처엔 얼씬도 못해봤다는 생각이 든다. 통신사라는 출신에 으레 기대할 수 있는 핵심역량과는 먼 곳에 있었다는 것이 두고두고 아쉬웠다.

다시 퇴사 시점으로 돌아와서 나는, 앱 서비스를 기

획하고 론칭했지만 하고 싶던 기획을 실컷 하지는 못했다. 기획보다 수많은 일이 기다리고 있었기 때문이다. 세금 계산서를 끊는 일부터 쓰레기봉투를 떨어지지 않게 관리하는 일까지 다양했는데, 특히 당시 나는 지원 사업을 받고 예산을 쓰고 서류작업을 하는데 능했다. 꽤 많은 지원 사업을 받았지만 나의 대부분의 시간은 지원 사업을 백업하는 데 쓰였다. 다시 창업한다면 절대 지원 사업을 안 받고 다음 달에 백만 원이라도 당장 매출 나는 일에 전념하겠다고 생각하게 되었다.

게다가 조금이라도 성과가 보였던 일은 뜻밖에 '콘텐츠'였으니. 상상도 못해본 일을 하고 있다는 게 가끔은 어처구니가 없다. 나는 나라는 인간에 대해서 얼마나 알고 있는가 싶고, 계획이란 어차피 아무 소용 없다는 생각이 드는 대목이다.

이런 산전수전을 겪으면서, 이미 직무란 아무 소용이 없고, 잘할 수 있느냐 없느냐는 예측 불가능하다는 생각이 들었다. 할거냐, 말거냐의 선택만 있을 뿐.

게다가 정말로 직무든 산업이든 경계가 무너지고 있다는 생각이 많이 든다. 플랫폼으로 가겠다고 공언하고 개발자를 위시하던 모 회사도 이제는 콘텐츠 회사로 탈을 갈아 썼고, 제조회사가 브랜드를 만들고 커머스에 집중하는가 하면 커머스 회사가 콘텐츠를 시작하는 경우도 부지기수다. 잘하는 것만 계속해서는 살아남을 수 없는 '4차 산업'이라는 허울 좋은 카오스가 모든 것을 뒤섞고 있다. 결국 큰 기업들도 풍전등화인 변화 가운데 생존하는 건 '필요가 있는, 알아서 잘하는' 개인이다.

더 정확히 말해서 최근에 필요로 하는 노동자는 개발자와, 개발 빼고 다 알아서 잘하는 기획자가 아닐까. 내년에 어떤 역량이 필요할지조차 예측이 안 되는 환경에서 뭘 해도 알아서 찾아할 수 있고 학습할 수 있는 인재가 필요한 것이다. 채용의 관점에서는 더 그렇다. 이 사람이 나와 척박한 사막을 건너줄 사람이라면, 뭘 잘하든 상관없다는 생각이 든다. 이미 한 분야의 전문성보다 관리할 수 있는 역량이 더 중요한 시대에 접어들었다.

나는 창업을 하고서 '내가 이 일을 잘 할 수 있을까.'라는 생각을 해보지 못했다. 살아남아야 하는 고민 앞에서는 사치였다. 나에게 질문이란 '저걸 어떻게 할 수 있을까.'의 문제였다.

나는 내가 함께 하려는 동료가 일을 매니지먼트 할 수 있는 역량이 있다고 생각했다. 명확한 일의 범주를 바랐을 동료에게는 적잖이 미안하다. 하지만 한치 앞을 모를 작은 배의 선장으로 나는 그렇다. 적어도 여기는 다음 파도가 뭐가 올지 모르니까 뭐가 오든 같이 넘어가야 하는 동료가 필요하다. 열정은 필요 없고, 뭐가 와도 한번 넘어보자는 생각이면 충분하다. 그래서 호기롭게 외쳤다, 나를 믿고 내 동료가 되어달라고.

80점짜리 성과에 대하여

책을 쓰는 건 나에게는 낯선 작업이라 매일 밤 쓰면서도 '이게 맞나, 성공하지도 않은 내 얘기가 누구에게 도움이 될까?' 주저하게 된다. 내가 도움이 되는 이야기를 쓰고 있는 건지 불안하기도 하고, 내가 쓴 글을 읽어볼 주변 사람들의 평가가 걱정되기도 한다.

이런 증세의 처방을 위해 윤정은 작가님께 SOS를 쳤다. 내가 아는 가장 힘이 되는 위로와 응원의 아이콘. 그녀의 에세이도 항상 따뜻하게 용기를 북돋워준다.

《하고 싶은 대로 살아도 괜찮아》 등의 많은 책이 베스트셀러가 되기도 했다. 그런데 마냥 꽃길만 걸었을 것 같은 분위기의 윤정은 작가님은 알고 보면 참 다이나믹한 삶을 살았다. 위인전에 나오는 대단한 사람이 되고 싶어 대학을 포기하고 수많은 직업과 사업을 경험하고, 50여 군데 출판사에 투고를 해서 첫 책을 내기도 했다. 지금은 17권, 그중 에세이만 7권을 낸 전업 작가다. 수많은 도전의 실패와 그로 인해 자신감 없고 초라해 보였던 지난날들이 그녀의 책에는 너무 솔직하게, 그래서 생생하게 살아있다. 나는 어느 모임에서 차도녀 이미지의 윤 작가님을 처음 만났는데, 책을 통해 비로소 작가님 내면의 이야기를 알게 되었다. 반전 매력이었다. 작가님을 보자마자 기다렸다는 듯 고충을 토로했다.

"글 쓰는 게 너무 힘들어요. 두려운 마음을 이길 수가 없어요. 누가 내 이야기를 원할까요?"

웃으며 가만히 듣고 있던 작가님이 말했다.

"저도 그래요. 매번 이 글을 내도 되나 고민해요."

예상치 못한 대답이었다. 베스트셀러 작가도 글 앞에서 두렵거나 주저할 수 있다니. 또 매번 쓸 때마다 힘이 든다니. 오래 써도 글쓰기란, 창작의 고통이란 좀처럼 익숙해지기 어려운 것인 모양이다. 그럼에도 작가님에겐 여러 가지 노하우가 있었다. 작가님의 허락을 얻어 살짝 밝혀보면, 작가님은 내가 아는 한 글쓰기를 가장 '노동'처럼 하는 분이다. 출퇴근을 만들고 매일 지정된 시간과 장소에서 '노동'을 수행한다. 또 쓰는 시간만큼이나 퇴고와 수정에 시간을 들인다고 하셨다.

이 점은 글쓰기의 어려움을 상쇄할 만한 중요한 팁이었는데, 우선은 쓰고 싶은 대로 열심히 쓰고, 편집자의 눈으로, 독자의 눈으로 여러 번 다시 읽고 퇴고하는 과정을 갖는다. 다 쓸 때까지는 앞에 썼던 글을 다시 읽어보지 않아야 빨리 나아갈 수 있다. 퇴고가 글을 완성한다는 조언은 새로운 정보는 아니지만, 확실히 부담을 많이 덜어주었다. 한 문장 한 문장 쓸 때마다 자기 검열 때문에 좀체 앞으로 나아가지 않던 글이 오늘은 술술 나아가는 걸 보니 말이다.

윤 작가님은 이야기 말미에 날카롭게 핵심을 찔렀다.

"눈이 너무 높아서, 너무 좋은 책을 쓰려고 해서 힘든 것 같아요. 가치 있는 이야기를 전달하겠다는 욕심, 나를 아는 사람들에게 좋은 평가를 받고 싶은 욕심을 내려놓으면 훨씬 잘 쓸 수 있을 거예요. 어떻게 이번 책에 최고로 좋은 책을 써요."

정말이지 나는, 책을 쓴다는 것이 내 인생의 정수를 쏟아 붓는 것 같은, 모든 경험과 인사이트의 총체를 빚어내는 것 같이 굴고 있었다. 그런 고급 지혜가 내 안에 별로 없는 것 같아 글이 나아가기가 어려웠다. 내 얘기를 하는 경험이 처음이자 마지막인 것처럼, 내 인생의 진귀한 것들을 모아다가 이번 책을 쓰고 나면, 나에게 다음이란 게 있을지도 걱정스러웠다. 그런데 윤 작가님이 보기에 나는 이제 시작에 불과했다. 계속 써나가는 삶을 살기로 한 이상, 지금 쓰는 글이 인생 최고의 작품이 될 리가 만무하다. 최고의 작품을 만들 때까지 계속 쓰다간 그 작품은 세상의 빛을 보지 못할 거고, 시간이 지난다고 정해진 미래에 최고의 작품이 나오는 것도 아니다. 우리가 할 수 있는 건, 주어진 시간 내에 최선을 다해 쓸 뿐. 어떻게 최초의 도전에 마스터피스를 바란단 말인가.

문득, 책 쓰기를 말하는 모든 과정이 내가 유튜브 콘텐츠를 지속해나가는 과정과 다르지 않음을 깨달았다. 당연히 처음에야 책을 한 권 소개하기 위해 몇 번씩 곱씹어 읽고, 이렇게도 써봤다가 저렇게도 써봤다, 영상편집의 디테일도 오래 신경 썼다. 그러고도 올리는 데 많이 주저했다. 산출물은 항상 아쉬웠다. 5년째 하는 지금은? 제작의 상당 부분을 정해진 루틴이 소화한다. 콘텐츠를 만드는 나만의 공식과 기술이 생겨서 많은 부분을 고민 없이 진행한다. 이것은 물론 새로움이 없고 진보를 저해하지만, 속도와 효율에 도움이 된다. 그렇게 70% 정도 루틴에 따라 이틀 정도 원고를 쓰고 나면, 이 콘텐츠의 포인트가 들어온다. 머릿속에 착착 구성되고, 어떤 메시지를 구독자들에게 전달하고 싶은지 선명해진다.

이때 내 원고의 점수는 80점이다. 글을 다 쓰면 촬영을 하고, 편집자님의 힘을 빌려 사나흘 만에 완성품이 나온다. 편집의 센스까지 더하면 90점. 이렇게 좋은 콘텐츠를 안 보면 안 되지, 싶다. 그런데 이상하게 제목을 달고 올릴 때가 되면 70점이 된다. '아, 이 부분을 강조해서 더 관심을 끌 걸 그랬나. 흥미가 떨어지나.' 자신감이 없지만, 일단 손을 떠나보낸다. 다시 할 수는 없다. 다음 주의 콘텐츠를 더 잘 준비해야 한다.

때로는 이런 생각을 했다. 더 오래, 심혈을 기울여서 100점짜리를 만들어 올리면 되지 않을까. 하지만 일주일을 열흘로 바꾸어도, 더 오랜 시간을 투자해도 사실 내 마음의 점수는 여전히 70점이었다. 완성되면 부족한 것이 보이고, 더 잘 할 수 있었다는 아쉬움이 남는다. 또 한 가지, 한계 효용 체감의 법칙처럼 투입이 아무리 늘어나도 결과가 더 나아지는 데는 한계가 있다. 영어점수 70점을 90점으로 올리는 것보다 95점을 100점으로 만드는 것이 더 어려운 것처럼 말이다. 한 작품 내에서 최고로 끌어올리는 데는 한계가 있다.

더 좋은 방법은 진화하는 것이다. 다음이, 그다음이 더 좋아지는 방식으로. 수많은 시도와 실패가 거듭되면서 좋아져야 한다. 그러다 보면 마스터피스가 나올까? 안 나올 수도 있다. 그냥 그것이 계속 앞으로 나아가는 방법이다.

당신을 지켜주는 아주 작고 견고한 규칙

나의 직장 생활은 3년 반. 회사를 나온 건 아쉬움이 없지만 직장생활이 짧아서 아쉬운 점이 있다. 회사 밖에는 일하는 법을 배울 사수가 없다는 점, 내가 지금 잘하고 있는 건지 물어볼 곳이 없다는 것이다. 물론 회사에서 막내만 하다 나온 나는 야생에서 직접 부딪히고 구르면서 더 빨리 배우고 성장할 수 있었다. 근데 이제, 참혹하게 아파야 했다. 그래서 나는 회사를 나와서 회사의 선배들을 더 많이 생각하곤 했다. 주니어인 내가 얼마나 철이 없었고 일을 못하는 게 빤히 다 보였을지. 부끄러운 동시에 선배들의 잔소리가 그리웠다.

그럼에도 퇴사하기 전이나 후나, 나는 내가 일을 곧잘한다고 생각했다. 이를테면 나는 컴퓨터 다루기를 좋아하고 새로운 서비스를 써보는 데 주저하지 않고, 모든 트렌드를 알고 싶어 했다. 회사 다닐 때 나는 에버노트 덕후였다. 에버노트 세미나를 쫓아다니며 업무 생산성에 관한 강의를 열심히 듣고, 생산성에 도움이 된다는 새로운 툴들은 꼭 한 번씩 써보곤 했다. 그때나 지금이나 나는 업무에 도움을 주는 유틸리티 서비스를 많이 구독하는데 클라우드 서비스나 영상용 음원, 사진 서비스를 포함하여 월 40만 원 정도를 구독모델에 지불하고 있다. 이런 서비스들을 쓰는 건 내가 생산적이고 효율적으로 일한다는 '느낌'을 준다.

하지만 막상 일을 하다 보면 얼마나 구멍이 많은지 매번 느낀다. 이를테면 외부와 협업을 하는 과정에서 표지나 원본 파일을 요청하면 왜 그렇게 없는지. 아카이빙 되어 있지 않다는 걸 발견하고 새로 만들어야 한다. 혼자 유튜브를 할 때는 올리고 나면 끝이지만 외부에서 우리 영상을 요청하는 경우는 관련 소스 관리가 잘 되어 있어야 한다. 그렇다고 산출물이 아닌 파일 전체를 관리하는 것도 무리가 있다. 4K, 8K까지 점점 진화하는 화질과 카메라 2대, 3대를 동원하여 퀄리티를 높이면서 소스 관리는 정말 치명적이 되었다. 인터뷰는 한번 촬영하면 50GB는 기본이고, 구글 드라이브 용량은 매번 요금을 업데이트 해줘야 한다.

그런데 용량 문제가 아니라 제목 관리가 안 돼서 파일을 못 찾는 경우가 허다하다. 분명 과거에 그런 비슷한 내용의 계약서를 작성한 적이 있었는데… 내 로컬 PC와 드롭박스, 구글 문서, 메일함을 다 뒤져도 못 찾는 경우가 많다. 제목이 계약서라고만 되어 있다면 검색 결과에 나온 계약서 파일을 하나하나 열어봐야만 하는 것이다. 버전 관리도 마찬가지다. 클라이언트와 협업을 하는 경우. 'ver.5'까지 왔는데 그는 'ver.2'에서 만든 워딩을 살리고 싶을 때가 있다. 나는 아래한글이나 MS워드보다 협업이 쉽고 어디서나 열어볼 수 있는 구글닥스를 선호한다. 만일 구글닥스에서 버전마다 사본을 만들지 않고 계속 하나의 문서를 수정해나갔다면? 낭패다.

또 프리미어, 포토샵 편집을 할 때는 어떤가. 학부때 처음 어도비 포토샵과 일러스트레이터 툴을 다루는 강의를 찾아가 들었었다. 그때 강사선생님이 해줬던 얘기가 평생 잊히지 않는다.

"레이어마다 꼭 이름을 구체적으로 붙이고 폴더를 만들어 묶어두세요. 네이밍, 폴더링을 잘하는 것이 실력의 출발입니다."

하지만 그 이후로도 십수 년 나는 그 지침을 잘 지키지 않았다. 영상 편집에서 점점 레이어가 많아지는 요즘은 그 말이 그렇게 생각난다. 단순한 규칙과 원칙이 일잘러의 기본기라는 것을 사회에 나오고 10년이 넘게 눈탱이를 맞으면서 체득한 것이다.

나는 성격이 원체 조급한 데다 주니어 때는 업무 규칙들이 창의력을 제한한다고 생각했다. 회사에서 못하게 하는 것들에 대해 늘 답답함을 느꼈고 그런 제약이 없다면 나는 창의성을 팍팍 발휘하며 날아다닐 것 같았다. 하지만 일을 혼자 해보니 또는 조직을 만들어야 하니 시스템의 중요성을 처절하게 느꼈다.

결국 프리랜서나 크리에이터도 작은 규칙을 지키는 게 중요하다. 촬영할 때 초점이 나가지 않았는지 SD카드를 빼서 노트북에 넣어서 확인해보는 것. 문제가 될 것 같은 지점에서 '에이 이 정도는 괜찮지 않을까' 하지 않고 안전하게 가는 것. 작은 차이가 뒤로 갈수록 엄청 큰 폭풍을 부른다. 미리미리 잘 하는 게 내 신상에 이롭다.

이런 이야기를 하는 지금도 '내가 규칙을 강조하는 꼰대가 된 것이 아닐까' 하는 염려가 된다. 해야 할 것을 규칙과 시스템으로 만들면서도 창의적인 생각을 지키며 살고 싶다. 두 가지가 공존할 수 있을까? 잘 모르겠다. 하지만 규칙과 디테일은 불필요하고 쓸모 없는 에너지 낭비로부터 크리에이터들을 지켜줄 것이다.

글쓰기가 밥 먹여주나

수많은 글쓰기 수업과 글쓰기 콘텐츠를 보면서, 또 브런치나 각종 모임에서 꾸준히 글을 써나가는 사람들을 보면서 나는 한 번도 글을 잘 쓰고 싶다거나, 글쓰기 자체가 취미가 될 거라고는 생각지 못했다. 나에게 글쓰기는 어디까지나 의사전달의 '수단'이고 내 뜻이 명확하게 전달되면 그만이었다. 하지만 책이 내 인생에 중요한 주제로 들어오면서 나는 글쓰기에서 자유롭지 못했는데, 도대체 글쓰기가 나에게 뭐였더라.

나는 강남권 언저리에 있는 초등학교에 입학했다. 한 학년에 12반, 전교생이 3,600명이 넘는 큰 학교였다. 나는 나서는 걸 좋아했던 아이였지만, 나에게는 좀체 기회가 오지 않았다. 각종 경시대회와 글짓기, 그림대회에 나갈 아이들이 줄을 서 있었다. 서예부터 주판학원, 웅변학원 등등 많은 것을 학원에서 배우는 아이들에 비해서 나는 도무지 도드라지는 것이 없었다.

그러다가 경기도 광주에 있는 초등학교로 전학을 갔다. 한 학년에 2반, 전교생이 360명 정도였으니 이전 학교의 1/10 정도 되는 작은 학교였다. (지금은 1,400명이 넘는 큰 학교가 되었더라.) 그러다 보니 글쓰기나 그림대회에도 나갈 기회가 많이 생겼다. 자연스럽게 종종 상을 받기도 했다. 그때는 글쓰기가 인정받기 위한 장기자랑 같은 거였다. 엄마가 상장을 코팅해서 벽에 주렁주렁 걸어주었는데 초등학교 졸업할 무렵에는 벽면을 다 채울 수 있었다. 그런데 커서 생각해보니 어렸을 때 대회에 나가서 그렇게 상을 받는 게 꼭 좋은 건가 싶기도 하다. 내가 글좀 쓰나보다 하는 오해에 빠져 잘못된 진로를 선택할 수도 있으니까.

대학교 때는 중국문화와 경영학을 복수 전공했는데, 경영학과에는 글을 쓰는 과제나 시험이 없었지만 중국문화과 수업에는 정말 레포트가 많았다. 처음에는 글 쓰는 것에 자신이 없어 자료조사를 많이 해서 짜깁기 하곤 했다. 내가 좋아하는 주제에 대해서는 자신 있게 써내려갔던 것 같다. 나중에 회식자리에서 교수님은 가희 글은 실력이 들쭉날쭉하다고, 잘 쓴 글은 매우 좋은데 아닌 글은 편차가 크다며 도대체 왜 그런거 같냐고 물으셨다. 나는 속으로 크게 놀랐다. 교수님한테는 살갑지 못하는 수줍은 학생이었는데, 수많은 레포트를 보면서 이 학생이 쓴 글에 대해서 하나하나 기억하고 있었다니. 그 날 교수님의 칭찬을 계기로 나는 내 글과 생각에 좀더 자신을 갖고 전개할 수 있었다.

그 후로 오랫동안 일기는커녕 편지도 한줄 안 쓰는 시

간이 이어졌다. 회사를 다니면서 내가 쓰는 유일한 글쓰기는 메일과 주간보고였다. 그러다 책읽찌라를 시작하면서는 책을 읽고, 원고로 쓰고 하는 작업을 끊임없이 반복하기 시작했다. 아무래도 일로다가 하는 거니까 딱히 책을 읽는다거나 글을 쓰고 있다는 생각이 안 들었다. 책이라는 '인풋 input'으로 영상이라는 '아웃풋 output'을 만드는 일의 무한반복이었다. 회사에서 업무를 숙지하고 산출물을 만들어내는 과정과 다르지 않았다. 그럼에도 너무 하기 싫고 어려운 날이면, 그래도 책을 쓰고 글을 쓰는게 업이라는 것이 얼마나 감사한 일이냐고 스스로를 위안했다.

하지만 그것도 수없이 많이 반복하다보니 요령이 생기고, 문장은 점점 다이어트 되고, 내 인사이트를 명확하게 담기 위해 노력하게 되었다. 조회수로 호응을 받는 것과는 별개로 '아, 내가 글을 잘 쓰는 것 같다'는 건방진 생각도 하게 되었다. 그러다 나는 정말 뜻하지 않게, 한권의 책을 끝까지 완성해야만 하는 과제를 마주했다. 우울증을 주제로 영상과 책을 함께 제작하는 시리즈 기획이었는데. 책을 쓰기로 했던 작가님이 개인사정으로 프로젝트 중간에 빠지면서 내가 책을 쓰게 된 것이다. (도대체 왜 그랬을까?) 게다가 이 프로젝트는 크라우드 펀딩을 시작한 터라 마감도 정해져 있었다. 나는 하루에 한 꼭지를 쓸 수 있어! 라고 외치며 시작했는데 정말 매일 밤 퇴근 후에 좌식탁상에 쭈그려 앉아서 하나님 부처님부터 모든 성인들을 찾으며 잘못했다고 빌었다.

우울증에 관한 르포였기 때문에, 아무리 인터뷰를 많이 했어도 한 문장 한 문장 내 마음대로 판단하고 유추해서 쓸 수 없는 어려운 이야기들이었다. 한 시간 동안 한 문장도 더할 수 없을 때도 많았다. 결국 훌쩍 마감 일정을 넘기고서야 어렵게 어렵게 원고를 전달했다. 주제도 어려웠지만 글을 쓰고 책을 쓴다는 것이 얼마나 어려웠는지 온몸으로 부딪친 계기였다. 나의 성부른 생각을 글로 남기고 흑역사로 남겼다는 것이 너무나 부끄러웠다. 나는 지금도 그 책을 다시 들쳐 읽어보지 못한다.

시간이 또 흘렀다. 인간의 욕심은 끝이 없고, 같은 실수를 반복한다. 나는 오랫동안 책 소개를 하면서 남의 지식을 빌려다 쓴다는 느낌을 지울 수 없었다. 지식을 생산하는 인간이 아니고 소비하는 인간이라고 느껴졌다. 책을 쓰고 싶었다. 내 안에서 부글부글 끓고 있는 생각들을 찬찬하게 정리하고 싶었다.

그때 나처럼 "책을 써야지." 생각하고 있던 비슷한 사람이 있었으니 유튜브 '공백의 책단장' 채널의 공백 님이다. 북튜버 모임에서 만난 우리는 왕왕 만나는 자리에서 서로 책을 쓰자고 다짐하고 서로 격려했지만 모든 계절이 한 번씩 돌도록 진전이 없다는 사실을 깨달았다. 그래서 같이 책 쓰기 프로젝트를 시작했다. 그런데 같이 프로젝트를 시작해보니 우리는 비슷하지 않고 매우 달랐다. 성격 급하고, 결과물을 중시하는 나와 달리, 공백 님은 꼼꼼하고 완벽함에 치중했고 모든 과정에 진정성이 넘쳤다. 초고 일정과 책이 나오기까지

1년 안에 해치워 버리자는 나와 달리 공백 님은 한걸음 한걸음 진심이었다. 그러면서 공백 님의 제안으로 한달 동안 온라인에서 모여 글을 쓰는 〈각자의 작업실〉을 시작했다.

공백 님은 평일 오전 10시~12시, 나는 평일 저녁 9시~11시에 한달 20회 글쓰기를 진행했다. 사실 나중에는 너무 힘들어서 월수금으로 줄였다. 처음에는 '줌 zoom'으로 하다가 나중에는 메타버스 원격서비스인 게더타운 Gather town을 활용해서 모였다. 카메라를 켜고 고개 숙여 쓰다보면 정수리만 보여줄 뿐이었지만 그 순간만큼은 모두가 앞에 있는 것처럼 열심히 쓰고 엄청 집중이 잘됐다. 두 시간동안 방해받지 않고 핸드폰도 보지 않고 딴 짓도 안 하고 온전히 글을 쓸 수 있었다. 놀라운 경험이었다. 나뿐만이 아니라 모두가 그랬다. 2021년 8월부터 2022년 1월까지 각자의 작업실을 운영했는데, 다섯 번 모두 참석하거나 중복으로 참석한 분들도 심심찮게 있었다. 완주한 사람들은 회비를 N분의 1로 나눠 갖기로 했고 많은 분들이 회비를 돌려받고 심지어 더 받아갔다.

평일 월수금을 글쓰기 모임을 한다는 것은 월수금에 있을 회식과 술 한잔을 모두 포기해야 한다는 뜻이었다. 나는 화목에는 운동을 가니, 사실상 운동과 글쓰기로 평일 저녁을 모두 반납해야 했다. 그럼에도 그 시간은 너무나 그럴 가치가 있었다. 화목은 몸을 단련하고, 월수금은 머리와 마음을 단련했다.

그 글쓰기를 하는 시간이 행복했던 이유는 나 자신에 몰입할 수 있었기 때문이다. 내 생각을 돌이켜보고, 내가 그때 왜 그랬는지 생각에 잠기기도 하고, 시간이 한참 지난 일인데도 글쓰는 순간에 깨닫기도 했다. 오롯이 혼자 있는 경험이자, 아직 만나지 못한 독자에게 말을 거는 순간이기도 했다. 이렇게까지 엄중한 마음으로 책 쓰기에 도전했던 것은 아니었는데, 그제야 비로소 많은 사람들이 글쓰기에 시간을 투자하는 이유를 알 것 같았다. 책이라는 산출물을 만들어 유명해지고 싶은 마음보다 더 값진 것은 나와 대화하고, 나를 이해하는 행위였다.

이 책에 엮인 글들은 모두 그 때 쓰인 것들이다. 다시 읽어보면 날 것의 성긴 생각들이 많다. 읽을 때마다 계속 고치고 있으며 읽을 때마다 부끄럽다. 그럼에도 불구하고 나 자신에게 매우 솔직한 생각들이라 나에게는 매우 의미 있는 글들이다.

여전히 글 쓰기는 진입장벽이 높다. 나에게 명상이라는 과제가 방석에 앉기까지가 가장 힘든 것처럼 글을 쓰겠다고 앉아서 펜을 잡기까지가 항상 아득하다. 하지만 이번 글을 써보고 결심한 게 있다. 계속 쓰는 삶을 살겠노라고. 글이 부족하고, 또 나의 글들이 세상에 어떠한 작은 파동도 일으키지 못할지라도 앞으로는 죽을 때까지 계속 글을 써나가고 싶다. 그게 어떤 글이라도, 글쓰기는 나와 대화를 하고 나를 지켜보고 진솔할 수 있게 해준다. 강제로 궁둥이를 붙이고 써보고서야 알게 됐다. 글쓰기는 수단이 아니라, 나에게 자유를 주는 목적지다.

3장 오랫동안 건강하게 먹고 살 걱정 없이

매일 같은 일에 정성을 다할 때 오는 것

성장이라는 서사는 참 매력적이어서, 어린 나를 늘 황소처럼 달리게 했다. 대학생 이가희는 심심하다는 말을 한심하게 생각했고, '성장'하기 위해 투잡을 뛰면서 동시에 공모전과 창업 사이를 뛰어다녔다. 취업한 이가희는 퇴근하면 스타트업 세미나를 쫓아다녔고, 마라톤과 여행, 사이드 프로젝트로 365일 중 단 하루도 집에서 뒹굴거려본 적이 없었다. 창업을 해보니 이 바닥에는 '성장덕후'들만 있었다. 오죽하면 스타트업 계에는 성장이 아니면 죽음을 달라는 각오로 '그로스

해킹 Growth Hacking' 방법론을 통렬하게 일에 적용하면서 모두가 매시 매분 성장을 측정했다. 하루 5시간 자는 것도 아까운 나는 사무실 앞에 자취방을 얻고 화장실도 참아가며 일했다.

하지만 정말 견디기 힘들었던 건, 쉬지 않고 노력해도 성공에 닿을 수 없는 나에 대한 한심함이었다. 무기력과 충동 사이를 오가던 이때의 좌절은 훗날 우울증에 관한 책《아임 낫 파인》을 쓴 원동력이 됐다. 시간이 한참 지나서 에너지를 되찾았을 때, 나는 비로소 그때의 나를 회고할 수 있었다. 그즈음 저자와 인터뷰어로 만난 변지영 선생님에게 상담을 받기 시작했다. 당시 나의 목표는 훌륭한 사업가가 되고 세상에 더 좋은 영향력을 끼치는 것이었다. 상담과정에서 몇 번의 돌아보기를 통해 나는 그 숭고하고 이상적인 목표를 향해 쉬지 않고 외줄을 타면서 스스로 채찍질하고 있는 나를 발견했다. 그 목표는 빛나고 빨갛고 빈틈없는 구슬 같았고, 나는 그 목표에 닿을 수 있을지

사실 자신이 없었다.

이윽고 알아차리긴 했지만, 상담을 받는 나는 "열심히 하지 않는 거, 그거 어떻게 하는 거예요?" 싶은 마음이었다. 성장하지 않아도, 성공해 도달하지 않아도 된다면 내일부터 무슨 힘으로 살아야 할지 막막했다. 내 세계를 이끌어왔던 원칙이 무너지는 기분이었다. 그럼에도 나는 이를 대체할 새로운 원칙을 찾고자 노력했고, 정해진 상담횟수인 10회가 되기 전에 선생님께, 이제 많이 내려놓은 것 같노라고 말했다. 하지만 선생님은 더 많이, 훨씬 더 많이 내려놔야 한다고 말씀하셨다.

돌아보면, 선생님이랑 상담하던 시기는 가장 많은 것을 성취했을 때인 동시에 가장 많이 지쳐있을 때였다. 그때 나를 찾는 곳도 많았고, 일도 굉장히 많이 들어왔다. 나는 다 할 수 있을 것만 같은 느낌으로 모든 일을 받았다. 다 할 수 없을 때는 멋있어 보이는 일을 수락했다. 또 한편으로는 하고 싶은 일을 계속 벌였다.

힘이 부치면 사람을 충원했다. 회계장부는 뒤죽박죽이 되고 손익을 셈할 겨를도 없었다.

누군가는 이렇게 말했다. 모든 것이 어지럽고 엉망진창인 상황에서 억지로 나아가고 있어야 성장하는 거라고. 모든 것이 정리되고 통제되고 있다면 그것은 정체되고 있는 거라고. 나 역시 성장하고 있다는 '느낌'을 받았지만, 실상은 그렇지 않았다. 가장 치명적인 건 그때 내가 만들어낸 산출물은 형편없었다는 사실이다. 나는 많은 사람을 실망하게 했다. 어느 것도 하나 온전히 하지 못했다. 하지만 그때는 그걸 알아차리지 못했다. 손을 떼야 한다는 걸 알지 못했고, 경주마처럼 앞을 향해 달리고 있었다.

상담을 하고도 일 년 정도가 지난 후, 나는 자의 반 타의 반으로 일순간에 많은 것을 내려놓게 되었다. 적자를 거듭하던 북카페를 문 닫기로 결정했고, 모든 직원을 내보내고 혼자 남았다. 자연스레 하지 못하는 것에 대해서 못하겠다고 거절하는 일이 많아졌다. 아니, 실은 나를 찾는 사람도 줄었다. 고요했다. 게다가 팬데믹이 세상을 정지시켰다. 갑자기 내 삶에 유례없는 여백이 생겼다. 그런데 이것을 채워야 한다는 생각이 들지 않았다. 이제야 비로소 내려놓은 기분이었다.

이제부터 내 삶의 중요한 목표를 '아무것도 안 하기'로 결정했다. 더 정확히는 '아무것도 안 되기'였다. 오늘 내가 하는 일이 미래의 빨간 공으로 가는 외줄 타기가 아니기를 바라면서 나는 아무것도 안 할 권리를 사수하고자 했다.

하지만 이를 사수하기 위해서는 매일 적과 싸워야 한다. 가장 쉽게 만날 수 있는 적이 있는데. 스마트폰과 SNS에 있다. 1분만 살펴보면 곧장 나는 나만 멋지지 못하고 나만 도태되는 듯한 느낌을 받는다. 그래서 나는 페이스북 앱을 삭제하기도 했는데(인스타그램은 차마 못 삭제하겠다.) 페이스북과 인스타그램은 정말 끊임없이 자랑하지 않으면 존재가 소멸하는 듯한 기분이 든다. 새로운 자랑 소식이 끝도 없이 내려가 내 얘기를 묻어버린 이곳은 욕망의 현주소다. SNS를 차치하더라도 일상에서 만나는 사람에게 나는 그간의 성장과 성취를 간증해야 할 것만 같은 부담을 느낀다. 그저 고요히 있어 보기가 잘 안된다. 어쨌든 아무것도 하지 않기 위해서, 여전히 그런 것들과 나는 싸우고 있다.

아마 어떤 사람들은 이 대목이 읽기 불편하고 공감되지 않을지도 모르겠다. 노력해서 매일 조금씩 성장하고, 결국은 성공에 도달하는 메커니즘이 아주 오랫동안 우리 삶의 작동원리였다. 그걸 부정하고 싶은 건 아니다. 그럼에도 성장이라는 환상이 나를 어떻게 불행하게 했는지 설명하기 위해 오래 고민했다. 성장이라는 뽕을 맞고 앞만 보고 달려왔던 시간은 나를 내적으로 성장하지 못하게 했다. 어쩌면 성장은 그냥 내 자리에서 매일 같은 일에 정성을 다할 때 오는 게 아닐까. 그 끝이 꼭 성공에 닿아있는 게 아니라는 것을, 그렇지 않아도 괜찮다는 것을 나에게 다시금 상기시켜본다.

루틴 미션 끝판왕으로 살아보았다

아침에 일어나면 최대한 뭉기적대다가 욕실로 들어 선다. 샤워 후에는 꼭 가운을 입고 나와 유튜브 채널 '슈카월드'의 영상 한 편을 재생해놓고 화장을 한다. 조금 여유 있게 일어난 날은 인센스를 피우고 호박즙 을 데워 먹는다. 걸어서 5분 컷인 사무실에 도착하면 먼저 유산균을 한 봉 먹는다. 시원한 물을 준비하고 자리에 앉으면 내가 좋아하는 일러스트레이터미네이 터 키크니의 일력을 오늘 날짜로 갈아 끼운다. 그 날 짜에 맞추어 오늘 할 일의 리스트를 적어 내려간다.

하루의 시작이다.

어떤 하루를 보내든 화요일, 목요일만큼은 6시 반이면 퇴근해 편의점에서 산 '감동란'을 한 알 먹고 클라이밍 장으로 향한다. 두어 시간 운동하고 땀을 빼고 돌아오면 시원하게 샤워를 한다. 그리고 요즘은 남편과 각각 거실과 서재를 하나씩 차고 앉아 글을 쓴다. 자기 전엔 페퍼민트 오일을 귀 뒤에 바른다. 사바 아사나, 이른바 시체 자세를 하고 큰 숨을 몇 번 들이마시면 바로 잠이 든다. 하루가 무사히 흘러갔다.

지금 얘기한 정도가 내가 규칙적으로 행하고 있는 루틴과 리추얼이다. 더 많으면 좋으련만. 그렇게 성실한 사람이 못 된다. 얼마 전 유튜브에서 〈어쩌다 어른〉에 출연한 뇌과학자 정재승 박사님 클립을 잠깐 봤는데, 흥미로운 이야기가 기억에 남는다. 창의적인 사람들은 각기 하루를 어떻게 보냈냐는 점에서는 모두 다르지만 한 가지 공통점이 있었으니, 모두 루틴한 생활을 했다는 것이었다. 정재승 박사님은 규칙적인 삶의 패

턴에서 창의력이 발현된다고 말씀하셨다.

허나, 창작자에게 이는 얼마나 어려운 이야기인가. 딱히 소속이 없는 상태의 전업 유튜버를 상상해보자. 눈 떠지면 일어나서 아마 자기 전까지 일도 아닌 것이, 노는 건 더더욱 아닌 끊임없이 해야 하는 일의 밀물을 겪을 것이다. 수면 시간은 어느 정도 규칙적이라 해도 일하고 쉬는 시간은 결코 그러기 힘들 것이다. 규칙적인 생활을 해야 창의력과 영감이 샘솟는다는 건 창작자들에겐 다소 잔인한 이야기다. 사람마다 다르겠지만 프리랜서로 일하다보면 루틴을 만들기가 쉽지 않다.

나 역시 규칙이란 것을 가진 지가 얼마 안 됐다. 무엇보다 나는 사람들과의 약속, 놀고자 하는 계획으로 항상 두 달 후까지 캘린더가 빡빡했다. 미리 준비하지도 못하고 자기 전에 다음날 캘린더를 보며 겨우, 끌려 나가듯이 내가 잡은 스케줄에 이끌려 나가곤 했다. 일주일에 두어 번은 술독에 잠겨 집에 들어오자마자 쓰러져 잠들고, 다음날 힘겹게 일하다가 정해놓은 할 일을 제 때 못하기도 했다. 그렇게 계획이 빗겨나가면 나를 자책하며 이번 주 바구니에 있던 일을 다음 주로 옮겨 담았다.

그런 내가 결혼으로, 코로나로 갑자기 한가해지면서 여유가 생기자 온전히 나를 위해 시간을 쓰기 시작했다. 처음에 가장 많이 한 것은 잠을 잤다. 평생 잠자는 시간이 아까웠는데 잠을 많이 자니 그렇게 개운할 수가, 행복할 수가 없었다. 여덟 시간이고 아홉 시간이고 늘어져라 자봤다. 그러다 홈트를 시작했다. 홈트는 정말 여유와 함께 강력한 의지가 필요한 습관인 것 같다. (그 이후로 다시는 성공해 본 적이 없으니까.)

하지만 몇 달 동안 정해진 시간에 매일 꾸준히 해내자 그렇게 뿌듯할 수가 없었다. 그리고는 밤에 더 꿀잠을 잤다. 한동안은 매일 아침 명상하기에 도전했다. 방석에 앉기까지가 너무나도 쉽지 않은 루틴 미션 끝판왕이었지만 나와의 약속을 지켜보려 애썼다.

코로나 이전의 일상을 회복한 지금은 많이 줄어 일주일에 두 번 클라이밍 암장에 운동을 가는 정도이지만 이 시간을 꼭 지키려 한다. 오늘도 친애하는 지인이 밥을 사주겠다고 했지만(!) 거절하고 운동을 하러 갔다. 이제는 나 자신과의 약속을 위해 다른 약속을 조정하게 됐다. 또 내가 무언가를 하기 위해 시간을 비우게 되었다. 많은 사람을 만나고 많은 일정을 소화하는 것이 미덕인 줄 알았는데, 삶의 한켠을 비우고 나를 위해 쓰는 것이 좋다는 것을 알게 되었다.

그럼에도 이 글을 쓰다 보니, 아직도 내 삶엔 루틴이 부족하다는 것을 새삼 깨닫는다. 아침에 일을 시작하기 위한 리추얼과 숙면을 위한 습관 외에도 더 많은 삶의 루틴을 끼워 넣어야겠다. 창의력과 영감을 얻기 위해. 또, 온전히 나만의 시간을 확보하기 위해서.

이렇게 살다가 결혼은 할 수 있을까

7명의 배꼽친구들 중 결혼하지 않은 사람 세 명(나 포함)이 몇 번의 크리스마스 이브를 같이 보내며 '연애 감자'로 뭉쳤었다. 일을 좋아해서 결혼을 안 한 건지, 결혼을 안 해서 일에 몰입하게 된 건지 모르겠지만 도전적으로 일하면서 살다보니 나이가 훌쩍 먹었다. 우리끼리는 성격이 너무 안 맞아 같이 살기 싫지만 나이가 들면 감자 실버타운을 만들어 죽었는지 살았는지 들여다봐주기로 약조했다. 그때 즈음 지금의 남편인 창선 님을 만났다.

다른 페친들과 그렇듯 나는 북리뷰 영상을 만드는 북튜버로, 그는 브런치 인플루언서로 몇 차례 메시지를 주고받고 서로의 게시물에 좋아요나 눌러주는 사이였다. 그러다 내가 연 북카페 '찌라살롱'에 창선 님은 종종 찾아와 일을 하곤 했다. 당시 프리랜서 디자이너였던 창선 님은 찌라살롱의 편안한 의자와 자리마다 뚫려있는 콘센트, 힙함은 1도 없고 동네찻집처럼 푸근한 찌라살롱의 분위기에 빠져 자주 일하러 오곤 했다.

상수와 합정 사이에 있던 찌라살롱에는 일요일 저녁 6시가 넘어가면 근처에 혼자 사는 단골손님들만 드문드문 남아 있었다. 나는 손님들에게 동의를 구하고 종종 같이 치킨을 시켜먹곤 했다. 처음엔 쭈뼛거리던 손님들도 치킨과 맥주 한 캔이면 서로 급속도로 친해져 수다를 떨었는데, 나중엔 일밤마다 모이는 멤버가 비슷했다. 창선 님도 그들 중 하나였다.

그러던 어느 일요일 밤, 그날은 찌라살롱에서 아시안 컵 축구경기를 단관하고 있었다. 지지부진하던 그날의 경기는 후반 막바지에 손흥민 선수가 골을 빵빵 넣어주면서 시원하게 승리했다. 함께 보던 카페 손님들 모두 폴짝폴짝 뛰었다. 흥에 겨웠던 나와 친구와 창선 님은 2차를 가게 되었고, 그날 밤 창선 님이 집근처로 바래다주던 길에 여흥에 못이겨 우리는 얼떨결에 사귀기로 했다. 썸을 타던 사이도 아닌데.. 급작스러운 전개긴 했지만 손흥민이 골도 넣었는데 일단 만나 보자는 심산이었다. SNS의 수혜를 입어 사업을 하고 있다는 점도, 운영하고 있는 업의 규모도 비슷했던 우리는 생각보다 잘 맞았다. 고민하는 지점도, 앞으로의 욕심도 비슷했고 서로에게 적절한 위로와 응원이 되어주었다.

만난 지 1년이 채 안 됐을 무렵의 일이다. 그날은 둘이 스벅에서 일을 하고 있었는데, 나는 잠시 시간을 내어 반가운 손님을 만나러 갔다. 나보다 10여 년은 먼저, 그것도 중국에서 사업을 하시는 선배님을 오랜만에 뵙고 이런저런 근황을 나누던 차였다. 선배님이 말했다.

"이 대표님, 사업은 평생 직장일 뿐이에요. 사업이 잘 된다고 내 재산이 늘진 않아요. 다시 재투자하게 되거든요. 돈을 모으려면 자산관리를 따로 해야 해요. 저도 사업 초에는 그러다가 결혼하고부터 자산이 모이기 시작했어요. 결혼부터 하는 걸 추천 드려요."

미팅이 끝나고 스벅으로 돌아온 나는 창선 님에게 이 말을 전하며 대뜸 결혼해야겠다고 말했다. 베트남에 아파트를 한 채 사야겠다며. (베트남 아파트는 선배님이 추천한 투자방법이었다.) 그렇게 우리는 결혼을 하기로 했다. 둘 다 직장생활을 한 게 아니고 늘 불안정한 수입 때문에 모아놓은 돈도 없었지만 사업이 잘 풀리고 있으니 잘 될거라고 생각했다.

하지만 당시 내가 결혼을 결심하게 된 진짜 이유는 내가 결혼을 해도 계속 나답게, 내가 원하는 방향으로 살아갈 수 있을 거라는 믿음 때문이었다. 실제로 결혼을 해보니 조금 달랐는데, 원래의 나보다 더욱 적극적으로 나답게 살 수 있었다. 내 뜻에 대한 지지와 도움으로 부스터를 단 것이다.

지금 우리는 둘 다 결혼할 때보다 각자 일이 잘되어 직원들도 늘었고 사업을 조금 더 규모 있게 꾸리게 되었다. 아직 두 회사가 합이 10명 미만이라 함께 사무실을 얻어 반으로 쪼개어 쓰고 있는데 그러다보니 365일 24시간 거의 같이 있게 되었다. 지겹지 않냐는 사람들도 있지만 '오히려 좋은' 점들도 있다.

물리적으로 같은 공간이긴 하지만 서로 다른 회사인 관계로 별로 관여도가 없다. 같이 야근을 해도 각자의 영역과 시간을 확보하고 있으니 좋고, 집에서 기다리는 이가 없으니 눈치 보이지 않아 좋다. 둘다 업무량이 많으니 집에 가도 각자의 책상에 앉아 일을 하거나 별 일정이 없는 주말엔 같이 출근하여 자기 책상에 앉아 자기 할 일을 한다. 각자 좋아하는 일을 맘껏 하면서 관계도 포기하지 않아도 된다니… 이런 점이 너무 좋다.

물론 성향에서 오는 갈등도 있다. 계획적인 J형 인간 창선 님과, 즉흥적이고 일벌이기 좋아하는 내가 함께 살다보면 사실 스트레스는 주로 J가 받는다. 보통 내가 앞으로 10년 치의 하고 싶은 것들을 끊임없이 쏟아내고, 창선 님은 처음에는 안 된다고 했다가 하나씩 내가 벌이는 일들을 같이 수습해준다. 또 나는 디자이너인 창선 님의 재능기부를 많이 받고 있는데, 창선 님의 심산에 잘 맞춰서 도움을 받으려면 기술이 필요하다. 내가 어설프게 만든 보노보노 스타일의 디자인을 보여줘서 도전욕구를 불태우거나, 기분 좋을 때를 노려서 조금씩 원하는 것을 설득시켜야 한다.

그렇게 해서 나는 창선 님의 책을 출판해야겠다는 야심을 갖고 출판사를 차려버렸다. 처음에는 같이 일하는 것에 대한 창선 님의 반대가 있었지만 몇 달간 설득한 끝에 창선 님의 책들을 내가 출판하기로 한 것이다. 창선님은 책을 쓰고 나는 그 책을 알리고 해 나간다면 정말이지 시너지가 나지 않을까. 거의 M&A급 결혼이다.

크리에이터인 두 사람이 살다 보면 하고 싶은 일들이 계속 샘솟고 여러 가지 일을 벌이곤 한다. 물론 아이디어를 떠올릴 때를 제외하고 나머지는 모두 피와 땀과 눈물이다. 또 불안정하고 불안한 두 개체가 만나서 우리 내년에도 계속 이 사업을 할 수 있을까. 하면서 술잔을 기울이기도 한다. 우리는 베트남 아파트는커녕 한국에 우리집도 아직 한 채 없다. 하지만 죽을 때까지 같이 고민하면서 뭔가를 만들면서 입에 풀칠은 하고 살아갈 수 있겠다는 믿음이 생겼다.

꼭 안정을 찾고 돈이 있어야 결혼을 하는 건 아니라는 생각이 든다. 그러니 쥐뿔도 없는데 무신 결혼이냐, 일이 더 재미있다고 생각하는 예전의 나 같은 크리에이터 분이 있다면 결혼도 한번 생각해보시길. 재미있는 콘텐츠는 만들지 못해도, 더 재미있게 콘텐츠를 만들 수 있을 것이다.

한참 영양제 찾을 나이

점심을 먹고 습관적으로 먹던 커피를 본격적으로 끊기로 했다. 커피는 내가 정말 먹고 싶을 때 맛있는 커피집에서 한잔 마시는 것으로. 대신 점심을 먹고 나서 가장 나른한 시간, 영양제를 먹는다. 요즘 먹는 것은 영양제계의 '에르메스'라고 불리는 것으로 직구를 하면 한 병에 5,500원쯤 하는 비싼 아이다. 에르메스 백은 없어도 '커피 한잔 값으로 나를 위한 영양제를 사는 것쯤이야.'라고 생각하면서 뿌듯하기까지 하다. 꾸덕해서 잘 안 나오는 제형인데 물까지 부어서 야무

지게 박박 긁어먹는다.

사실 20대 때 뿔뿔거리고 돌아다니며 바쁜 나에게 펌핑을 해줬던 건 박카스였다. (박카스가 괜히 '힘내라 청춘' 광고를 하는 게 아니다.) 특히 과외를 가기 전에 약국에 가서 꼭 하나씩 사먹곤 했는데, 학교에서 유난히 멀었던 양천구 과외집 앞 약사 선생님은 그렇게 박카스를 매번 섭취하는 건 안 좋다고 걱정하셨다. 회사를 다니면서도 사이드프로젝트 하랴, 운동하랴 매주 바빴던 내 가방에는 항상 박카스가 있었다. 나의 최애 음료는 카페에서 페리에 탄산수를 한병 시켜 박카스를 섞어서 먹는 것이었다. 지금 생각해보면 박카스를 마실 때는 힘이 났지만 마실 때마다 미래의 에너지를 꾸어다 쓴 것 같다.

영양제를 처음 산 건 회사에서 월급을 받으면서부터다. 마라톤을 시작하면서 선배들이 마그네슘, 아연, 아미노산… 그런 것들을 먹어야 한다고 추천해주셨다. 매장을 따라가 골라주시는대로 담고 카드를 시원하게 긁었다. 사실 그때는 영양제를 먹고 비포 애프터 차이를 느끼기가 어려웠다. 그냥 운동을 더 잘하고 싶어서 사기는 했지만 하도 힘이 뻗치는 나이여서 그랬을까, 먹으나 안 먹으나 사방팔방 뛰어다녔다. 그러다 보니 영양제는 늘 그대로 남아서 찬장 속 어딘가를 누비다가 이삼 년 뒤에 이걸 먹으면 오히려 아플 거 같을 즈음, 휴지통으로 들어갔다.

세월이 흘렀다. 나는 장마가 끝나고 난 채소처럼 시들해져서 툭하면 피로를 호소했다. 그때 옆에서 유튜브를 시작한 약사 친구들이 있었으니 바로 채널 '약 먹을 시간'의 제하와 주애. 한 살 차이인 우리는 친해져서 서로 존버하는 모습을 지켜보며 격려하곤 했다. 그들은 늘 성실하고 꾸준해서 멋졌는데 그들이 진짜 멋질 때는 본업인 약사의 실력을 발휘할 때다. 나는 약과 관련한 질문을 두 사람에게 묻곤 했다. '아니 약을 받았는데 정말 술 먹으면 안 돼?' 그리고 한 번은 나의 극심한 피로를 호소하기도 했다. '나 왜 이렇게 피곤

한지 모르겠어. 어디 아픈 게 아닐까?'

제하와 주애는 피로는 간 때문이 아니라고 알려줬다. (너무 놀랍지 않은가?) 피로는 '부신'이라는 장기 때문이라고 설명하며, 나에게 비타민B를, 그리고 좋은 제품까지 추천해줬다. 그리고 얼마 뒤 찌라살롱에서 〈약먹찌라 피로타파 살롱〉을 만들어서 진행했다. '약먹을 시간' 친구들이 직접 만든 이 프로그램은 자신의 피로를 진단해보고, 어떻게 관리할지 어떤 영양제를 먹으면 좋을지 추천해주었다. 프로그램의 말미에는 피로를 타파할 수 있는 즉석 영양제를 말아서 건배를 하기도 했는데, 약국에 가면 세트로 파는 이 피로회복 세트를 그 뒤로 나는 애용하게 되었다. 피로에 대한 상세한 이 이야기는《나도 내 몸을 잘 몰라서: 약사들이 전하는 여성 피로 솔루션》이라는 책으로 나오기도 했다. 나는 이때를 계기로 영양제에 대한 눈을 떴다.

물론 여러 가지 영양제를 상황에 맞게 꾸준히 챙겨먹는 분들이 많기 때문에, 나는 그들에 비하면 약소하다. 내가 먹는 건 아침에 유산균, 체력이 필요할 때는 비타민 C와 B, 어지러울 땐 철분 정도다. 하지만 지금은 꾸준히 먹으면서 꽤 여러 통을 비우고 나한테 맞는 영양제도 찾아나가게 되었다. 그밖에도 겨울에는 엄마가 내려준 호박즙을 먹거나 손발이 차다고 십전대보탕을 지어 먹기도 한다. 이제는 몸에 좋은 게 보이면 바로 입으로 가져가는 습관이 생겼고, 건강에 좋다는 것은 급격한 관심을 보이며 먹어본다.

박카스 대신 영양제를 먹는다는 건, 쉽게 말하면 나이 탓이겠지만 내가 나를 좀 더 소중히 하고 있다는 뜻으로 다가온다. 20대의 나는 나를 막 굴렸다. 늦게까지 술을 먹이고, 다음날 아침에 일찍부터 일을 시키고, 집에 있는 꼴을 못 보고 목덜미를 끌고 나왔다. 그런데 지금 30대의 나는 피곤하면 나에게 영양제를 주고, 잘 먹이고, 잘 재운다. 재미있는 술자리가 있어도 12시에는 재운다. 가끔은 당기면 마라샹궈 같은 걸 먹기도 하지만 몸에 좋은 음식, 좋은 재료로 된 건강한 음식을 먹인다. 술은 포기 못하겠지만, 좋아하는 술을 적당히 먹인다.

오래 살고 싶어서가 아니다. 나를 더 소중하게 대해주고 싶어서다. 하루를 살더라도 더 명료한 정신으로 즐거운 컨디션으로 보내고 싶다. 앞으로 똑같은 컨디션을 유지하려면 더 많은 영양제를 먹어야 하고 더 운동도 많이 하고 잠도 많이 자야겠지만. 그렇게 해 줄 테다. 나도 점점 엄마처럼 생수대신 달인 물을 먹고 건강 프로그램을 보며 생식을 향해가겠지. 지금은 다소 먹기 싫은 것들도 달아지겠지. 그것도 은근 기대가 된다.

배꼽친구가 필요한 이유

중국 드라마 〈겨우, 서른〉, 얼마 전에 한 한국드라마 〈서른 아홉〉, 노희경 작가의 〈디어 마이 프렌즈〉와 〈우리들의 블루스〉까지. 울며 짜며 본 드라마라는 점 외에도 공통점이 있다. 서로 열렬하게 지켜주고 아껴주는 친구가 등장한다. 많은 이들이 이 드라마들을 보면서 부러워하거나, 나는 왜 그런 친구들이 없을까 하고 고민했다고 한다.

다행히 나에게는 그런 친구들이 있다. 초등학교 때부

터 함께 해서 같이 한 살한 살 나이 들어가고 있는 배꼽친구들이다. 워낙 어릴 때 만난 친구들이라 내가 무언갈 잘해서 얻어진 사람들이 아니라, 그냥 누군가 나에게 '주셨다'라고 그렇게밖에는 이해할 수가 없는 관계, 왜 친해졌는지도 설명할 수 없는 사이다.

그렇게 당연히 늘 함께 할 것만 같던 친구들도, 영영 그 사이를 기약할 수 있는 건 아니었다. 일곱 명이던 우리는 어느 날 크게 싸웠고, 한 명이 이탈해버렸다. 서른네 살 즈음이었던가. 거리에서 우리는 열네 살처럼 싸우고는 한 명이 떠났다. 싸운 게 한두 번도 아니기에 나는 대수롭지 않게 말했다.

"아냐, 언젠가 자연스럽게 화해하게 될 거야. 우리 중 누군가의 부모님이 돌아가신다면, 그때 언제그랬냐는 듯 서로를 위로하며 다시 만나게 될 거야."

그러나 우리 중 누군가의 부모님이 돌아가셨을 때에도 우리는 다시 하나가 되지 못했다. 그러고 보니 나보다 먼저 우리 엄마는, 아마도 마흔네 살 즈음에 친구들 사이에서 한 명과 헤어졌다. 40대에도 헤어지는 것을 보면서 친구라는 관계가 항상 당연하고, 영원한 게 아니라는 것을 알게 되었다.

우리의 우정이 항상 드라마에서처럼 애틋하고 아름다운 것은 아니다. 대학에 막 들어갔을 때 대학에 간 친구와 안 간 친구, 재수하는 친구까지 서로 삶의 속도가 달랐다. 그로부터 한 10년 간, 각자 삶에서 가장 빛나고 아름다운 시기를 보내느라 바빴던 20대의 우리들은 서로 자주 만나지 못했다. 또 누군가는 먼저 결혼을 하고 애를 낳느라, 다른 친구들이 상상도 하지 못할 세계를 지나가고 있었다. 어떤 경우는 자기의 삶이 초라하고 힘들어서 먼저 손 내밀지 못하고 숨어 있기도 했다. 서운했다가 서운함이 스르르 녹았다가, 바빠서 서로를 돌볼 겨를도 없다가 가끔 보고 싶고 위로하고 위로받으며 30대에 접어 들었다.

최근의 우리는 서로의 MBTI를 들으며 놀라곤 한다.

지금 보면 명백히 다른 서로의 성향 때문에 대화를 하다보면 참 안 맞는다며 놀란다. 공감 능력이 높고 감성이 100%인 친구가 있는가 하면, 나는 극단적으로 공감 능력이 떨어진다. 에너지가 넘쳐서 끊임없이 밖으로 돌아다니고 오늘만 살 것처럼 사는 친구가 있는가 하면, 반나절만 외출해도 피곤해 쓰러지는 내향형도 있다. 게다가 나이를 먹으면서 성향은 더 강해져 어찌나 서로 자기 할 말만 하는지. 가만 보면 서로 그런 꼰대들이 없다. 옛날에 10대 소녀 시절에야 자기의 성격을 죽이고, 감추고 서로 배려하고 인정했겠지. 그러니까 서로 어울려 놀 수 있었겠지. 지금 나이에 우리가 어딘가에서 만났다면? 어휴, 절대 친구가 될 수 없을 거다.

게다가 각자의 분야에서 다 다른 입장으로 살아가고 있다 보니, 서로를 잘 이해하기 어렵다. 사업을 하는 나는 직장인의 마음을 모르고, 아이 엄마의 마음을 모르고, 외국에서 일하느라 고생하고 있는 친구의 입장을 모른다. 일의 고민을 나누는 걸로 따지면, 안 지 얼마 안 되는 업계 사람과 더 많은 부분을 공감할 수 있다. 어떤 고민은 친구들에게 꺼내기는 아득하게 느껴진다.

그렇게 서로 잘 안 맞는 인간들의 조합인데, 이상하게 서로를 좋아한다. 인원이 많다 보니 돌아가면서 꼭 한 명씩은 해외에 장기체류하느라 다 같이 모이는 것이 근 15년간 너무 어려웠다가 최근에야 한국에서 자주 볼 수 있게 됐다. 2세들도 어느덧 자라 엄마에게 하루정도는 자유를 줄 수 있을 만큼 컸다. 얼마 전에는 다 같이 자유부인으로 강릉으로 여행을 갔는데, 어찌나 좋아하던지 수학여행이 따로 없었다. 중고딩 때처럼 스티커 사진을 찍고 계속해서 깔깔깔 웃고 새벽에는 서로 잠도 안 재우고 수다를 떨었다. 서로를 그렇게 아이처럼 좋아했던 건 나 역시 마찬가지였음을 고백한다.

왜 많고 많은 인간관계 중에 친구가 이렇게 좋은 걸

까. 아마도 설명할 수 있을 정도로 서로 잘 맞고 비슷하고 공감 가는 사람이 '아니라서' 좋은 게 아닐까. 이유 없이 서로를 아끼고 희생하고 있기 때문이다. 친구니까 서로 못나고 빈틈이 있고 구멍이 있어도, 그 모습까지도 그냥 같이 바라봐주고 위로해주기 때문이다. 이들 앞에서 내가 별로인 사람이라도, 괜찮은 이유다. 내가 하나도 멋지고 잘나지 않아도, 그런대로 그냥 옆에 있어줄 거라는 믿음이 있는 것이다.

물론 그런 친구라도 언제까지고 계속 볼 거라는 보장은 없다. 앞서 우리가 경험한 것처럼. (그 일은 두고두고 마음이 아프다.) 그러니까 더 아끼고 잘 해야겠다. 내가 어떤 사람이라도 괜찮다고 해줄 친구가 있다는 것은 정말 든든한 일이니까. 내가 어떤 모습이라도 나라는 사람 그대로 괜찮은 거니까. 친구란 그런 게 아닐까 어렴풋이 생각해본다.

가슴이 두근거릴 땐 우황청심환

창선 님은 20대 다양한 직군을 거치면서 고생을 꽤 했다. 나보다 일찍이 에세이를 써 그때의 어려움을 유쾌하게 풀어내기도 했지만, 실로 아무도 디자인 실력을 알아봐주지 않는 오랜 세월을 보내야 했다. 그러다가 브런치를 시작했고 (물론 한동안 아무 일도 일어나지 않다가) 어느 날 술 마시고 쓴 글이 빵 터지면서 소위 인플루언서의 반열에 올랐다. 이후 '넵병', '판교사투리' 같은 소재로 재미있게 쓴 브런치 글이 빵빵 터졌는데, 인터넷을 한다면 '박창선'은 몰라도 그 글 한 번쯤은 읽어봤을 만큼 널리 읽혔다. 그러자 놀랍게도 디자인 일이 폭주하기 시작했다. 그의 재미있는 글과 디자인 역량이 직접 연결되는 것도 아닌데, 아무튼 그랬다. 많은 미디어에 인터뷰를 했고, 다섯 권 정도 책을 냈다.

창선 님은 오랜 지하방을 탈출해 볕드는 방으로 자취방을 옮기게 됐다. 모든 일이 잘 풀렸다. 그즈음 페친이던 우리는 친해졌고, 교제도 시작하게 되었다. 생각해보면 우리는 전형적인 소셜미디어의 수혜자였다. 어느 날 갑자기 SNS 콘텐츠가 잘 돼서 일도 잘 풀린 사람들이었다. 2015~2018년 즈음엔 그런 사람들이 엄청나게 많이 등장했다. 한국경제TV의 PD에서 퇴사하고 여러 사업을 해보던 신사임당 님, 금융업계에 다니던 평범한(?) 회사원 슈카 님이 그랬다. 이들만큼 국민적 팔로워를 보유하지 않더라도 많은 사람들이 월급을 초과하는 SNS 수익을 창출했으며, 얼마 전까지 평범했던 이들이 길을 가면 알아보는 사람이 생기는 변화를 겪었다. 하물며 팔로워 몇 만명의 창선 님과 나도 자신의 업이 바뀌는 경험을 하고 있으니, 경험해본 이들에겐 커다란 삶의 변화였다.

그런데 사귀고 나서 한동안 종종 그는 밤에 잠 못들며 괴로워하고, 한밤에 길에서 술을 마시다 울다 전화를 하기도 했다. 더 어렸다면, 성격이 괴팍한 남자라고 생각하고 헤어졌을지도 모른다. 나는 그게 불안의 일종이라는 생각이 들었다. 그리고 정신건강의학과에 방문해볼 것을 들었다. 창선님은 경미한 불안장애 진단을 받고 처방받은 약을 먹었다. 꾸준히 약을 먹자 불쑥불쑥 찾아오던 불안함이 자취를 감췄다. 우리는 불안이 어디에서 왔고, 불안하면 어떻게 반응하는지 자주 얘기를 나눴다. 마음을 알아차리는 건 내가 심리 상담을 받고 나서 생긴 변화였고, 과거에 상담을 받아본 창선님과 마음과 상태에 대해 얘기할 수 있다는 건 서로 아주 큰 위안이었다.

우리는 갑작스러운 성취에 대해 본질적으로 불안을 가지고 있었다. 처음에 창선 님은 수입이 늘어나고도 쓰지 못하고 통장에 고스란히 두었다고 한다. 언제 수입이 끊길지 모른다는 두려움이었다. 나는 사람들의 기대를 충족시키지 못할 거라는 불안이 컸다. 호언장담 하며 벌려둔 일들이 제대로 열매를 맺지 못하고 허언이었음이 들통날까봐. 그럴듯한 결과를 내지 못할까봐(실제로 많은 경우, 좋은 성과는 없었다.) 나는 불안하고 초조했다.

사실 3n년을 살면서 나는 불안은커녕 걱정도 없는 사람이라고 생각했다. 이럴까 저럴까 길게 고민하는 것이 의미 없다고 생각하는 나는 고민이 생기면 스케줄러를 펴고 대안A와 B의 장단점에 대해서 슥슥 써내려갔고 피해가 적은 쪽으로 선택해버렸다. 선택을 빨리 함으로써 고민할 시간을 아껴 최선을 다하는데 쓰는 것이 합리적이라는 생각을 했다. 그런데 삶은 보드게임보다 훨씬 더 복잡하다. 수없이 넘어지고 깨지는 나

날을 모두 이성으로 대처할 수는 없었다. 그런데도 나는 나를 계속 채찍질했다. 내가 부족해서 그런 거야, 더 열심히 하면 돼.

나는 상담을 통해서 나의 방어기제가 이성으로 도망치기라는 걸 깨달았다. 슬픔과 괴로운 감정을 마주하기 싫어서 나는 빨리 해결책을 정해버리곤 했다. 감정적 동요를 최소화하려고 했다. 하지만 방어기제를 발동한다고 해서 내 마음이 정말 방어가 되는 것은 아니었다. 그것은 나도 모르는 새, 나를 멍들게 했다.

변지영 선생님에 따르면 방어기제는 많고 다양할수록 좋다고 했다. 울어도 보고 소리도 질러보고, 상대에게 응석을 부리는 것도 좋다고 했다. 방어기제가 많다는 것은 무기가 많다는 것이고 그만큼 나를 몰랑몰랑하게 만들기 때문이다. 선생님은 나에게 맞는 레시피를 처방해줬다. 먼저 어떤 어렵고 슬프고 힘든 과정을 마주하면 최대한 그 감정에 깊숙이 잠겨본다. 기꺼이 슬퍼하고 괴로워하면서 바닥으로 내려가 본다. 그리고 거기에서 나를 안아준다. '우리 가희, 슬펐구나, 속상했구나, 불안했구나.'라면서 나의 감정을 알아봐준다. 그리고는 크게 심호흡을 하며 걷기 명상을 한다. 30분 정도 거리를 걸으며 간판을 읽는다. 이때 중요한 건, 소리 내어 읽는 거다. 비온뒤약국, 비온뒤약국, 크린토피아, 크린토피아, 빠리바게뜨, 빠리바게뜨… 사실 선생님이 만들어준 레시피의 순서가 잘 기억나지 않는다. 뭐를 먼저 하라고 하셨더라. 하지만 나는 최대한 이걸 다 해보려 한다. 무엇보다 그 기분에 푹 젖어보려고 노력한다. 도망가지 않으려고 말이다.

상담이 이렇게나 좋았지만 상담은 보통 10회로 끝나기 때문에 지속적으로 기댈 수 있는 방법은 아니다. 대신, 치유가 아니라 예방으로서의 좋은 마음 트레이닝이 있다. 바로 명상이다. 나는 꾸준한 명상러는 아니다. 마치 헬스장 등록해놓고 3개월쯤 지나면 발길이 뜸해지는 철새회원처럼 명상을 하려는 나의 어떤 시도도 지속적이지는 않았다. 하지만 요즘도 마음이 갈대처럼 흔들리는 시기가 오면 창선님과 함께 원데이 클래스를 어슬렁거리거나, 왈이네 명상 클래스를 등록하거나, 하다못해 넷플릭스의 명상가이드 〈헤드스페이스〉를 듣기도 한다. 적어도 명상을 하는 동안은 내 두 발이 땅을 딛고 서있음을 (혹은 궁둥이가 바닥에 찰싹 닿아있음을) 느낀다.

우리 부부는 여전히 불안을 종종 마주한다. 변한 게 있다면 불안을 빨리 알아차린다. 심박이 빨라지고 숨을 허허허헉 들이마시는 아침을, 괜히 작은 걸로 서로에게 짜증을 버럭 내버린 어떤 오후의 일을 알아차린다. 하던 일을 멈추고 불안의 뿌리가 어디였는지도 빨리 찾는다. '실은 내가 내일 있을 미팅 때문에 지금 예민해진 것 같아.' '나는 지금 밀려있는 과업들을 제대로 못할까봐 너무 불안해.'

그리고 우리는 우리가 쉽게 불안해지는 취약한 상황을 마주할 때 종종 우황청심환을 먹기 시작했다. 약국에서 파는 6천 원짜리 마시는 우황청심환은 30분 이 내에 약발이 온몸을 감싸와 순식간에 평화를 가져온다. 혹시 마음이 불안한 순간을 맞이한다면 매일 습관처럼 하던 것 대신, 다른 방법을 취해보는 것은 어떨까. 그리고 꼭 우황청심환도 마셔보길 바란다. 우황청심환을 먹는 순간, 아니 먹어야겠다고 결심한 순간, 이너피스를 경험하게 될 것이다.

요즘요? 완전 안 바빠요!

비즈니스 미팅에서 '으레' 하는 질문이 있다.

"요즘 바쁘시죠?"

묻는 사람이야 별로 궁금할 게 없는 형식적인 질문이지만, 질문 받을 때마다 뭐라고 해야 하나, 싶다. 바쁘다고 하기엔 유난스러운 것 같고, 안 바쁘다고 하기엔 솔직하지 못한 것 같아 3초 정도 후에 "다 그렇죠." 하고 웃는다. 바쁜 게 유능하단 뜻일리 없는데, 왠지 안 바쁘면 일도 없고, 찾는 곳도 없는 것 같아 스스로 무능하게 느끼는 모양이다. 특히 일감이 찾아오길 기다리는 경우가 많은 프리랜서 입장일 땐 더욱 그렇다.

누가 묻거나 안 묻거나, 살면서 바쁘지 않은 적은 없었다. 테크 스타트업 시절, 숙련된 개발자님의 선구안에 따라 소위 애자일 방법론이라는 걸 일부 도입했다. 벽에 커다란 전지를 붙이고 정해진 기간 동안(예를 들면 2주간) 내가 달성할 과업을 낱낱이 포스트잇에 적어 전지 위에 붙였다. 그리고 업무를 하면서 이 포스트잇을 [To-do], [In Progress], [Done]라는 상태를 나타내는 칸으로 옮겨가는 과정이다. 그런데 어쩐 일인지, 내 과업은 기간 내에 끝나는 적이 없었다. 1/3의 포스트잇은 고스란히 다음 기간으로 넘어 갔다. 우리의 숙련된 개발자님은 이야기하곤 했다.

"대표님, 이 방법론에서 중요한 건 과업을 많이 하는게 아니라, 기간 내에 온전히 달성하는 거예요. 이번 기간에 할 수 있을 만큼만 붙이세요."

도저히 그럴 수가 없었다. 재네들(포스트잇) 중에서 중요하지 않거나 급하지 않은 일은 없었다. 나는 늘 해야 할 일을 등에 업고 다녔고, 할 일을 다 끝내고 발 뻗고 자는 날은 없었다.

그런데 사실, 놀기도 많이 놀았다. 즉흥적인 휴식은 없었다. 최소 두 달치의 놀 예정이 캘린더를 채우곤 했다. 주말은 대개 마라톤이나 등산, 여행 계획으로 빽빽했다. 훗날 변지영 선생님이 "요즘 사람들은 쉬는 것도 과제처럼 하느라고 갑자기 퇴사를 하고, 산티아고를 가고, 히말라야를 가고, 거기서 빡시게 놀아야 진정하게 잘 쉬었다고 생각해요."라고 말씀하셨는데, 그게 바로 나였다. 1년에 한 번 나는 지친 나의 뒷덜미를 끌고 3주짜리 휴가를 떠났다. 어쩜 딱 히말라야도 있고, 산티아고도 있었다. 3주간 자리를 비우기 위해 비행기 타기 직전까지 일을 했고, 돌아온 순간 미뤄둔 일들이 싸대기를 날렸다. 대체 아무것도 안하고 쉬어본 날이 있었을까. 나에겐 쉬는 것도 하나의 일정이었고, '열심히' 쉬려고 했다.

그 해도 그랬다. 나는 11월 1일 산티아고 순례길을 향해 출국하기로 되어 있었다. 남들보다 한 달 빨리 그 해의 업무를 끝마치기 위해서 폭풍처럼 일했다. 마침 내놓았던 북카페도 극적으로 인수자가 나타났고, 10월 22일에 모든 짐을 빼고 이사를 마쳤다. 비행기를 탈 때는 너무 소진되어 거의 깨지 않고 프랑스에 도착했다. 그런데 40일간의 산티아고 순례길 일정에서 나는 출발한 지 12일 만에 백기를 들었다. 그즈음 일에 파묻혀 어떤 운동도, 준비도 하지 않은 몸뚱아리가 견뎌주질 못했고, 걸을 때마다 무릎 통증이 심했다. 하는 수 없이 스페인 남부로 선회했고 남은 시간은 뜻밖의 여행으로 보냈다.

돌아온 겨울에는 이사를 했고, 결혼을 했다. 그 바람에 일을 좀 줄였다. 사실 B2B 용역이 많은 나와 남편은 1~3월에는 일이 별로 없다.(반대로 예산을 소진해야 할 가을에는 일이 폭주한다.) 근데 그 해에는 3월이 지나도 일이 좀체 없었다. 코로나19 바이러스가 세상을 멈춰버렸기 때문이다. 아무도 이런 얘기를 안 해서 말인데, 솔직히 말해서 코로나19로 집에 있던 시간이 다들 조금은 좋다고 느끼지 않았을까. 물론 지구적 재앙이고, 누군가에겐 집에만 있는 게 위기일 수도 있고, 누구나 답답했을 테다. 자의가 아니라는 점에서 누구도 좋았노라고 말할 수 없겠지만은, 약속도 일정도 없는 온전한 자기만의 시간이 늘어났다는 점만큼은 좋았노라고 얘기하고 싶다.

게다가 나는 한동안 건강이 많이 안 좋았다. 아침에 일어나는 게 너무 힘들었고, 숨이 차서 지하철 계단을 끝까지 걸어 올라갈 수가 없었다. 30대 중후반에는 한 번씩 아프다던데 나도 그런 건가 무서웠다. 비싼 건강검진을 통해 알게 된 사실은, 악성 빈혈이었다. 어쨌든 그때는 나는 아무것도 일을 벌일 힘이 없었다. 그렇게 뜻밖에, 나에게 긴 방학이 주어졌다. 살면서 누린 가장 한가한 시간이었다.

1~2년 유난히 안 바빴던 시간을 나는 맘껏 썼다. 책장을 가득 메운 '산 책' 중의 아주 일부를 '읽은 책'으로 바꿔나갔다. 넷플릭스의 모든 '레전드 핸드'를 뿌셨다. 강의 대신 글을 썼다. 이따금 의뢰가 오는 칼럼을 쓰는 '글 노동'은 돈은 안됐지만 재미있었다. 방역수칙 내에서, 비즈니스 미팅이 아니라 지인들을 만나 안건이 없는 담소를 나눴다. 아주 가끔은 내가 먼저 연락하거나, 멀리있는 누군가를 찾아가기도 했다. 누군가 근황을 물으면 "안 바빠요."라고 대답했는데, 그건 참으로 행복했다. (물론 그 대답이 가끔은 나를 안 바쁘지 않게 만들었다.)

나는 이 기간에 마침 우리 집근처에 오픈한 지인의 사무실 한켠에 책상 하나를 얻어서 일했는데, 직원도 없었고, 느즈막히 출근하거나 내키지 않으면 재택근무를 했다. 자유로운 영혼이 따로 없었다. 그럼에도 사람이 진짜 쉽게 안 변해서, 이 글을 쓰고 있는 지금 나는, 사무실을 구하고, 직원들을 채용하고, 낮에는 출근하고 밤에는 온라인 글쓰기 작업실을 열어 이렇게 글을 쓰면서 다시 바쁘게 살고 있다. 하지만 타임리치로 살겠다는 포부를 잊지 않는다. 돈도 없는데 시간이라도 있어야지. 아니, 결국 돈 벌어서 맘껏 놀고 싶은 거면 그냥 지금 놀면 되는 거 아닌가. 그런데 사실 이게, 오늘의 나와 내일의 나의 싸움이다. 오늘의 나에게 시간을 주는 게 쉽지 않다. 나를 빡세게 굴리지 않는 게 쉽지 않다. 그 일은 못할 것 같다고 거절하기가 쉽지 않다. 당분간 바빠서 못 만난다는 말이 쉽지 않다. 하지만 조금씩 하려고 노력한다. 귀찮아하고 게을러보려고 노력한다. 내 안의 노예 때를 벗고, 나를 채찍질 하지 않으려고 노력한다.

한 가지 명확한 성과가 있다. 나는 요즘 잠을 8시간 잔다! 그동안 늘 자는 시간이 아까웠고, 6시간 이상 자면 죄책감이 들었는데, 요즘은 자는 시간을 더 확보하는 게 그렇게 행복할 수가 없다. 출근도 느즈막히 한다. 바쁘지 않으려고 하는 힘은 삶에 브레이크가 된다. 나는 이제 바쁘지 않기로 했다.

지금 내가 할 수 있는 것을 합니다

일을 하다보면 쾌속으로 일하는 멋진 '일잘러'분들을 만나게 되는데, 나는 조금도 그렇지 못하다. 우선 아침에 항상 침대에서 조금 더를 외치며 꾸물대다 결국 택시를 타면서 속 쓰리게 생각한다. 15분만 더 일찍 일어나면 지하철 탈 것을. 그렇게 하루를 열면 스케줄러에 적힌 우선순위 업무를 비집고 들어오는 요청에 쩔쩔매다 오전 나절이 지나간다. 점심을 먹고 업무에 쫓기다 보면 딱히 뭐 한 것도 없이 퇴근 시간이 돌아온다. 그러면 미처 못 다한 일들을 안고 집으로 간다.

하지만 결국 저녁을 먹고 피로와 사투를 벌이다가 나는 내일의 나에게 맡기고 쓰러진다.

문제는 이 과정에서 하루에도 여러 번 더 잘 하지 못한, 책을 미리 다 읽고 숙지하지 못한, 좀 더 시간을 들여 잘 만들지 못한 어떤 일들에 대해 나를 원망한다는 점이다. 부족하고 못내 아쉬운 채로 내 손을 떠나는 일들이 얼마나 많은가. 일뿐만이 아니다. 오늘 나와 만난 사람들에게 왜 더 친절하고 다정하지 못했을까, 왜 나이스하지 못했을까. 하루에도 여러 번 자책을 하고 만다. 특히 이런 생각에 쉽게 몰두하게 되는 샤워 타임에는 나도 모르게 혼잣말이 튀어나온다. 으이그, 멍청아. 그때 그런 말은 하지 말지.

혼잣말은 너무나 무의식 중에 튀어 나와서 나조차도 깜짝 놀란다. 병인가 싶어 상담 선생님에게 물어본 적도 있다. 선생님은 내가 나에게 너무 엄격하다며 그만큼 의식적으로 칭찬도 함께 해주라고 하셨다. 내가 나에게 "우쭈쭈, 잘했어. 가희는 최선을 다 한거야."라고 보듬으며 말하라는 것이다. 칭찬에 익숙치 않은 나에겐 영 뻘쭘한 일이지만 속으로라도 해보려 노력한다.

몇 년 전에는 내가 존경하는 선배가 영업에서 종일 거절만 당하고, 차마 사무실로 돌아오지 못하고 거리를 배회한 적이 있다는 얘기를 들려주었다. 항상 당당하고 완전무결해보였던 선배이기에 그 얘기를 듣고 놀라 물었더니, 선배 역시 하루에도 몇 번은 "내가 그 얘기를 왜 했지?" 하고 이불킥을 한다고 했다. 선배가 그날 소탈하게 그 얘기를 해준 것만으로도 커다란 위안이 됐다. 사람 다 똑같구나. 당연한 얘기지만 세상에 어떤 일잘러도 모든 것을 완벽하게 해내는 이는 없을 터였다.

잘하고자 하는 마음은 무한한데, 잘할 수 있는 의지력은 하루 한 컵으로 정해진 느낌이다. 나는 아주 사소한 것까지 해야 할 일은 모두 스케줄러에 적는다. 해야 할 업무를 고민하고 기억할 의지조차 아끼려는 셈

이기도 하고, 사실 일이 많으면 뒤돌자마자 까먹기 때문이다. 당연한 애기지만 중요하고 긴장되는 일이 있다면 그날의 의지는 금방 소진된다. 항상 그날 못다한 일이 스케줄러에 담겨 집으로 같이 오지만 집에 오면 이걸 열어볼 힘조차 없을 때가 많다. 붙잡고 앉는 데에만 낮의 몇 배의 시간과 힘이 든다.

물론 컵의 크기는 사람마다 다르다. 한 때는 내 컵이 충분히 크고, 열심히 체력을 기르고 시간 관리를 잘하면 더 키울 수 있다고 생각했다. 하지만 내가 정말 업무 관리를 잘 할 수 있었던 때는 하루치의 의지와 집중력이 정해져 있다는 것을 받아들였을 때다. 모든 것을 완벽하게 해내지는 못한다는 것을 받아들이고 너무 많이 담지 않으려 했을 때다.

그렇게 생각하니, 그냥 할 수 있는 만큼만 하기로 했다. 이를테면 원고 목록의 끝자락에 있는 이 글도, 좀체 진도가 안 나가는 주제였다. 누구도 아닌 내가 리스트업한 소재이지만 진부하고 흔한 애기가 되지 않을까 걱정스러워 오래도록 남겨둔 제목이었다. 하지만 오늘은 이 아이를 다 '쓰기만' 하기로 했다. 잘 쓰지도 않고, 길게 쓰지도 않고 그냥 완성만 하기로. 빨리 쓰고 나면 여행 영상을 하나 편집할 심산으로 펜을 들었다. 오늘 밤은 일단 쓰기만 하고, 남은 일은 훗날 퇴고할 나에게 맡기기로 했다.

나는 내가 일 잘하는 사람이 아니고, 모든 사람에게 나이스하지도 쿨하지도 않다는 것을 알게 되었다. 그동안은 잘하지 못하는 나를 원망했다면, 이제는 조금 더 받아들여 보려 한다. 대신 나는 오늘 내가 할 수 있는 걸 하기로 한다. 천천히 에너지를 조금씩 나누어 쓰면서 오늘 다하지 못한 일은 쿨하게 내일의 나에게 맡겨 본다. 오늘 잘하지 못한 일은 다음에 조금 더 잘하기로 한다.

죽도록 이기고 싶은 연경신

naive

a. 순진해빠진, 순진한, 순진무구한

'나이브하다'는 말은 회사에서 처음 들어본 말이었는데, 정확히 무슨 뜻인지는 몰라도 용례를 들어보면 썩 좋지 않은 뜻임을 알 수 있다. 이 글을 쓰면서 검색해 보니 '블라인드'에 누군가 나이브하다는 게 무슨 뜻인지 물은 글이 있는데 댓글이 인상 깊다.

'일을 대충한다, 소극적이다 라는 의미로 쓰는 건 완전히 잘못쓰는 거 아냐? 본래 뜻과 완전히 다르잖아.'

아마 싫은 말도 돌려서 하는 한국 사람들이 안 좋은 말을 좋게 해준 게 아닐까. 배려였을지도, 돌려 깐 건지도 모른다. 어쨌든 오늘날은 일하는 태도가 너무 나이브한 거 아니냐는 비난의 논조로 곧잘 쓰인다. 우리말로 표현하자면 '너무 설렁설렁하는거 아니냐.'쯤 되시겠다.

물론, 사람에 대한 비난이기보다는 보통 사안에 대한 피드백이겠지만 어쩐지 찔리는 말이다. 도전적으로 열심히 하지 않는다는 뜻이니까. 여기서 도전적인 건 성과를 말한다. 대개의 경우 도전적인 성과를 내지 않으면 과정도 도전적이지 않은게 되기 때문이다.

나이브하다는 형용사로 이야기를 시작한 까닭은 '승부욕' 이야기를 하고 싶어서다. 나에게 유독 부족한 DNA가 있다면 승부욕이다. 잘하고 싶다는 생각은 해봤지만, 저 사람을 꺾고 1등을 해야겠다는 생각은 잘 들지 않는다. 잘하고 싶지만 수단과 방법을 가리고 싶진 않고, 뭘 그렇게까지? 하는 생각이 들곤 한다. 이런 생각이 정신건강엔 도움이 되는데, 결과적으로 성과에는 큰 도움은 되지 않는다.

돌이켜보면 대개 정면승부를 피했었다. 일대일 승부보단 옆구리를 파고드는 게 익숙했다 (이건 언젠가 내가 성공해서 졸업축사를 할 일이 생기면 말하고 싶은 주제였는데) 내 삶의 결정적인 승부는 주로 사이드 트랙에서 이루어졌다. 정시보다는 논술, 면접으로 승부하는 수시가 나에게 맞았다. 대학교 때는 친구들이 학점을 신경 쓰고, 어학연수를 부지런히 다닐 때, 나 혼자 공모전을 열심히 나가고 창업을 했다. 내가 취업할 무렵엔 기업들이 어려워졌는데(그 이후로 쭉 계속 심하게 더 어려웠지만) 갑자기 창업이나 다양한 활동 경험을 높이 사기 시작했다.

물론 요즘은 한 줄 스펙을 위해 창업을 하는 시대가 되었지만, 당시에는 취업을 위해서 했던 게 아니었고 스펙이 될 줄도 몰랐는데, 취업할 때가 되니 히든카드였다. 살면서 치열한 곳은 최대한 피했고, 내 쪼대로 살았는데 그것이 때로는 좋은 성과로 이어졌다. 하지만 늘 그런 것은 아니었다. 정말 생계형 창업에 뛰어들었을 때, 그곳에는 승부사들이 모여있었다. 이 바닥에서 나의 생각은 종종 나이브해졌다.

우리 주변에는 항상 치열하게 노력하고, 멈추지 않는 롤모델이 있다. 가장 빨리 찾을 수 있는 건 운동선수다. 김연아 선수, 박태환 선수를 보면 얼마나 경이로운지. 그들의 수많은 어록이 오늘날에도 사람들에게 적잖은 자극을 주고 있다. 최근 가장 크게 영감을 받은 건 김연경 선수이다. 2021년 도쿄올림픽에서의 일본과의 경기를 라이브로 봤는데, 연경 선수의 눈빛이 그렇게 이기고 싶어 할 수가 없다. 그 모습을 보면서 나는 스스로 물었다. 나는 무언가를 저렇게 원해

본 적이 있었을까. 내일이 안 올 것처럼 오늘에 모든 것을 다 걸고 이겨본 적이 있을까. 기억이 나지 않았다. 그날 이후로 이기고 싶은 날엔, 연경신의 도쿄전 하이라이트 영상을 다시 보곤 했다. 물론 여전히 그렇게 이기고 싶은 순간은 잘 없었지만, 클라이언트에게서 원하는 바를 얻어야 할 때, 일이 너무 많아서 다 해낼 엄두가 나지 않을 때, 이 영상은 나에게 호랑이 기운을 주었다.

나에게 그런 동생이 있다. 승부욕이 너무 강해서, 뭐든지 다 씹어 먹어 버릴 것 같은 친구. 다행히 나는 그 친구에게 적이 아니라 동지였지만, 독보적으로 잘하거나 이기고 싶은 사람이 나타나면 그는 어금니를 꽉 깨물고 '부셔 버릴거라고' 했다. 그리고 매번 부셔버리고 싶은 경쟁자를 사뿐히 제치고 목표에 성큼성큼 나아갔다. 한 번도 그런 마음이 들지 않아본 나는 승부욕이 낯설었다. 신은 여성에겐 승부욕을 담지 않은 건지 고민도 됐다. 남자 대표들은 특히 내게 없는 승부욕 DNA를 천부적으로 받은 것 같았다. (물론 연경신처럼 승부욕이 넘치는 여성들도 많지만, 스포츠 선수와 스타트업 대표들의 세계에서 성비는 무시 못하는 차이를 보여준다.)

원래 이기고 싶은 마음이 안 드는데 어떻게 이기고 싶은 마음이 들었으면 좋겠을 수 있는지 모르겠다. 하지만 연경신 같은 멋진 이들을 보면서 나도 나름대로 규칙을 세워보았다. 내가 그린 경기장 안에서만 이기자고. 늘 이기는 삶을 살 수도 없고, 늘 이기기 위해서 사는 인생도 행복하진 않을 거다. 다른 동물을 잡아먹어야 사는 육식동물도 있지만 초원의 널린 풀을 뜯으며 사는 초식동물도 있다. 하지만 백넘버를 달고 트랙에 올라서는 순간만큼은 초식이고 육식이고 똑같은 룰을 바탕으로 순위가 결정된다. 그때만큼은 이겨야 하지 않을까. 생각보다 인생에서 우리가 치르는 경기는 짧고, 선명하다는 생각이 든다. 그게 언제인지를 잘 알아차리고, 경기의 순간에 잘 임하는 게 중요하지 않을까. 내 삶에서 경기란 한 편의 잘 만들고픈 영상일 수도 있고, 어떤 낯선 업무의 의뢰일수도 있다. 내년에 꼭 이루고 싶은 목표일 수도 있다. 그 순간만큼은 연경신에 빙의해서 외치고 싶다. 멋진 결과를 만들고 싶은 어떤 경기에서만큼은 힘을 아끼지 말고, 후회가 남지 않도록 최선을 다해보자고.

"해보자, 해보자, 해보자! 후회하지 말고!"

꾸준함이 모든 것을 이긴다는 말의 진짜 뜻

Slow and steady wins the race.

수능시험 영어 과목에는 속담이 출제되니까. 줄곧 외우다 좋은 속담은 독서실 책상에 붙여놓는 데 더 많은 시간을 쓰곤 했다. 특히 저 말은 고3 때나 지금이나 여전히 위안이 되는 말이다. 천천히 꾸준히 하면 이긴다고 하니 얼마나 매력적인 이야기인가. 지금 못해도 괜찮으니 열심히 하면 달콤한 보상이 있을 것 같은 말이니까. 내가 정말 그 속담을 보면서 꾸준히 열심히 공부했는지는 기억이 나지 않는다. 하여튼 현실은 팍팍하지만 미래에 행복이 있을 거라는 기대에 안심했겠지.

책《인생은 왜 50부터 반등하는가》에서는 알려진 바와는 달리 인생에 대한 만족감은 40부터 U자형으로 반등한다고 한다. 일반적으로는 '부'도 나이가 들수록 안정적으로 확보하기 마련이다. 주변에 보면 닮고 싶은 멋진 선배들이 많다. 40대, 50대의 (꼬마빌딩 한 채쯤은 있는) 사업가 분들이나 한 분야에서 유의미한 실력을 쌓은 분들을 보면 나도 더 나이를 먹으면 저렇게 될 수 있을까 궁금해진다. 나보다 나이가 어린데 나보다 훨씬 잘하는 친구들을 볼 때면 질투하면서, 멋진 어른들을 보면 닮고 싶은 동시에 저 나이가 되면 더 잘할 수 있을 것 같다는 욕심이 드니 속마음이지만 조금은 치졸하다. 또 어떤 선배들은 말한다. 30대에 갑작스럽게 성공하는 이들 치고, 말년이 행복한 사람을 못 봤다고. 그러니 성공은 50대에 하는 게 좋다고.

어쨌든 50대가 되면 더 잘 될거라는 기약은 달콤하다.

솔직한 조언을 아낌없이 들려주시는 한 사업가 선배님은, 우리 모두 늘 새로운 것을 하면 잘 할 것 같지만 "지금 하는 일이 정말 지겨울 때" 돈이 벌린다고 한다. 새로운 것을 쫓는 대신 지금 하는 일을 더 잘해보라고 말씀하셨다. 몇 년째 비슷한 일이 어느 정도 지겹다고 생각했는데, 돈이 안 벌리는 걸 보니 아직은 때가 안 됐나보다. 천천히 꾸준히 한참 더 가야하는가 보다.

하지만 꾸준한 건지 게으른 건지 헷갈릴 때도 있다. 2013년에 회사를 나와 시작한 첫 번째 사업은 쉽사리 끝맺지 못하고 4~5년간 질질 끌었다. 내가 실패한 것을 인정하는 데 오래 걸렸고, 다음으로는 열심히 일하는 개발자 동료에게 나가달라고 얘기하지 못했다. 결국 그 동료분이 먼저 자기 때문에 못 그만두는 거면 그만 두어도 된다고 말을 꺼내준 다음에야 나도 내려놓을 수 있었다. 엉덩이가 무거운 댓가로 나는 많은 시간과 비용을 소비해야 했다. 그리고 유튜브를 시작해서 지금은 6년이 넘었다. 여전히 구독자 수도 조회 수도 미미하다. 나는 꾸준한 걸까, 엉덩이가 무거운 걸까.

또 어떤 이는 내가 큰 성공을 하지 못하는 이유가 한 가지에서 정점을 찍지 못하고 계속 새로운 것을 시도하기 때문이라고 말한다. 카페를 했다가 영상 에이전시도 했다가 웹소설 시장에 뛰어들었다가 출판도 시작해버렸다. 뭐, 하나만 잘되면 되지 않나? 그런데 아직 하나도 큰 성공을 거둔 것은 없다. 그러니 50대의 이가희여, 들린다면 대답해주길.

"그때의 나는 무얼 하나 성공했나요? 아직도 무언가를 천천히 꾸준히 하고 있나요?"

그러나 이 책을 쓰면서 내가 내동 다짐했듯이, 사실은 성공하지 않아도 좋고 싶다. 50대에 성공을 미뤄놨는데 50대에 성공이 없으면 어떻게 한다? 살아갈 날이 반백년 남았는데 큰 부와 명예도 없는데 더 열심히 해볼 에너지도 없으면 어떻게 하냐는 말이다. 그럼 이 속담을 만든 사람을 원망할 것 같다. 천천히 꾸준히 하면 이긴다며. 도대체 천천히 꾸준히 언제까지 해야 하는 거냐구. 죽을 때까지 해야 하는 거냐구.

혹시 내가 이겨야 하는 게, 세상이나 다른 사람이 아닌 건 아닐까. 마라톤 경주를 이긴다는 게, 꼭 1등을 해야 하는 게 아닌 것처럼. 이 속담을 만든 사람도 결국 레이스는 나 자신과의 싸움이라고 말하고 싶었던 게 아닐까. 내가 이겨야 할 건 내 조급함과 불안, 나 자신에 대한 불신이 아닐까. 내가 오늘 해야 하는 일을 묵묵히 열심히 하다보면 나의 괴로움이 잦아드는 게 아닐까. (나 너무 감상적으로 나이드는 건가.)

얼마 전 싸이월드가 다시 열리자 다들 싸이월드에 달려가서 사진을 퍼다가 열심히 인스타그램에서 공유했다. 하지만 나는 그러지 않았다. 한층 더 감성적이었을 나의 20대 판도라의 상자를 열고 싶지 않거니와, 치열했던 그 시절로 돌아가고 싶지 않기 때문이다. 그때의 나는 꾸준히 열심히 했지만, 항상 역량이 부족했고 원하는 것을 달성하기가 힘들었다. 내일 아침 눈을 뜨면 20대가 된대도 더 열심히 살지는 못할 것 같다. 그래서 최선을 다했던 그때를 그리워하지 않기로 했다.

대신 나는 나이 드는 모습이 더 궁금하다. 40대, 50대, 60대… 그후의 내가 기대된다. 지금보다 감이 떨어져서 못하는 일도 있겠지만, 어떤 일에는 더 관록이 붙겠지. 책읽기도 클라이밍도 글쓰기도, 그때까지 할 수 있을 거라 생각하니 맘이 편하다. 지금보다는 잘 하겠지. 꾸준함이 이긴다는 말은 지금의 지겨움과 힘듦과 막막함이 걷힌다는 뜻이 아닐까. 성공은 하면 좋고, 아니면 말고. 그때도 내가 계속 북리뷰를 하고 있으면 누군가 가끔 놀러 와주었으면. 지금보다는 더 잘 할테니까.

꼭 뭐가 돼야 하는 것은 아니니까

"3년 뒤에 뭐가 돼 있으면 좋겠어?"

내가 누군가에게 이렇게 묻는다는 건, "그래서 너는 지금 이걸 왜 하는 거야? 뭐가 되고 싶은 건데?"라는 말을 에둘러 하는 것이다. 물론, 절대 싸우자는 뜻이 아니다. ENTP에게 이런 질문은 순수한 궁금증, 말 그대로 질문이다. 어느 역에서 출발해서 어느 역으로 가는지 묻는 거랄까. 누군가가 알고 싶어질 때, 특히 직업적으로 그 사람의 'To-Be'가 궁금할 때 나는 이런 질문을 곧잘 던졌다. 심지어, 소개팅에 나가서도 물어봤다. (지인들은 소개팅 나가서 그런 것 좀 묻지 말라고 했다. 하지만 만날 수도 있는 사이일 수록 비전을 공유하는 건 중요하지 않나?)

나는 연초가 되면 연례계획, 3개년, 10개년 계획을 업데이트 하곤 했다. 어느 해인가는 친구들과 회의실에서 포스트잇을 칠판 가득 붙여가며 인생 워크숍을 한 적도 있다. 버킷리스트를 만들고, 30대에서 80대까지의 10년 단위 계획을 짰다. 그때 내가 아이데이션을 위해서 던졌던 질문은 이런 거였다.

'3개월 뒤에 죽는다면 무엇을 하고 싶나?'
'로또에 당첨된다면 무엇을 하고 싶나?'

그 목록을 지금 하자는 취지의 질문이었는데, 한마디로 '자기계발뽕'이 가득찬 시기였다. 그러니 늘 나의 커리어 목표, 대개는 사업적 목표를 촘촘히 세웠음은 물론이다. 문제는 매년 목표 달성에 실패했고 그래서 그 목표가 매년 비슷했다는 점이다. 그런데, 요즘 친구들(?)을 만나서 이 질문을 던지면 돌아오는 대답이 사뭇 달랐다.

"글쎄요, 딱히 그런 건 없는데. 그냥 하루하루 재미있게 사는 거?"

이런 대답이 한두 번이 아니었다. 다수의 친구들에게서 비슷한 대답을 들었다. 그런 걸 묻고 다니다니 꼰대라는 거, 나도 안다. '요즘 애들은' 그렇다며 놀라는 것도 꼰대라는 거, 나도 안다. 사실 그런 대답을 들으면 기특했다. 나만 모르고 다들 알고 있다는 느낌도 들었다. 미래가 아니라 오늘을 사는 친구들이 좋아 보였다.

나는 왜 그렇게 '뭐가 되려고' 아등바등했을까. 왜 항상 행복을 미래에 두었을까. 그냥 하루하루 잘 사는 게 목표이거나, 목표쯤은 없어도 되는 쿨한 삶을 살 수는 없을까. 그래서 깨달았다. 내가 던진 질문이 누군가에겐 폭력적으로 들렸을 수도 있었다는 걸. 없을 수도 있고, 있어야 되는 것도 아닌 것을 기어코 '넌 뭘 갖고 있는지 내놔 봐.'라고 묻는 것이 무례했다는 것을 깨닫는다.

요즘은 내가 이 질문에 답하기가 쉽지 않다. 지금 하고 있는 일이 잘 되어서, 3년 뒤에 내가 바라는 대로의 나를 만나게 된다면 어떤 마흔 살의 이가희를 만나게 될까. 작가로서, 유튜버로서 '잘' 알려진 나? 걸출한 오리지널 콘텐츠를 성공시킨 제작자로서의 나? 어느 것도 내가 원하는 삶이었던 것 같지는 않다. 한 번도 그런 생각해 본 적 없었는데, '내가 뭘 원하는지 모르겠다'는 기분을 알 것 같다.

확실한 건, 아마 무엇을 원하더라도 3년 뒤에 이 글을 읽고 있을 이가희는 그 모습이 아닐 확률이 높다는 것이다. 아마 '오늘의 나'에 더 가까운 모습인 내가 박탈감을 느끼고 있을지도 모르겠다. 실은, 박탈감을 잘 느끼는 편도 아니어서 마치 새로운 계획인 것처럼,

작년과 별반 다르지 않을 새해 계획을 짜고 있을 것 같긴 하다. 그래도 조금 달라진 게 있다면, 계획은 나를 이상으로 데려다주지 않고, 계획은 항상 내 뜻대로 되지 않는다는 걸, 숱하게 부딪쳐보고 나서야 어렴풋이 알게 되었다는 사실이다.

그래도 3년 뒤, 5년 뒤, 10년 뒤의 모습을 그리는 건 즐겁다. 그랜드 캐니언을 클라이밍하는 멋진 중년의 모습이라든지. 하지만 요즘은 그것도 몽상의 영역에 두고 싶다. 내가 하루하루 하는 일이 모두 미래를 위한 일이라는 게 때론 너무 지친다. 나는 요즘, 꼭 하지 않아도 될 일을 하고 싶다. 강아지를 그리거나, 여행 동영상을 만드는 것처럼 쓸모없지만 재미있는 일로 하루를 보내고 싶다.

앞으로는 누군가에게 '지금 당신이 하고 있는 일을 왜 하는 건지' 물어보고 싶다. 시간가는 줄 모르게 재밌게 하고 있는지 궁금하다. 나에게 묻는다면? 글쎄, 그저 지금 하고 있는 일로 하여금 충만한 오늘 하루를 보내고 싶다. 그저 오늘 하루에 내가 만족하고 싶다. 그게 다다. 꼭 뭐가 되어야 하는 건 아니니까.

에필로그
오늘도 자유와 불안 사이를 오가는 멋진 당신에게

프리랜서는 둘 중 하나로 죽는다는 말이 있습니다. 아사하거나 과로사하거나. 창업가로 살았던 시절도, 창작가로 살았던 시간도 과로사에 더 가까웠습니다. 푸근하게 늦잠을 자본 기억도, 아무 데도 나가지 않고 종일 집에서 뒹굴거려본 기억도 없습니다. 수면 아래에서는 열심히 끊임없이 발을 굴렸지만, 저는 물살을 역류하고 있는 것처럼 좀체 나아가지 못했습니다. 나는 매우 이성적인 사람이며, 긍정적이고 멘탈도 강하기 때문에 포기하지 않고 될 때까지 하면 된다고 생각했습니다. 하지만 그런 방식의 '도망가기'도 한계가 있었습니다. 어느 순간 나의 무릎은 꺾이고 말았습니다.

이 책은 '과로사' 구간이 아니라 '아사' 구간에 썼습니다. 제 풀에 지쳐 모든 것을 내려놓은 어느 때, 딱히 누가 나를 찾지도 않아 돈이 별로 필요하지도 않은 어느 시기에 '그래, 진정한 삶이란 이런 거지'라고 깨달음을 얻은 사람처럼 이 책을 써야겠다는 생각이 들었습니다. 그래서 처음 글을 쓴 의도는 열심히 살지 않기 위함이었습니다. 성장이라는 허울을 쫓아 나를 볶으며 살던 시간을 후회하며, 아무것도 되지 않기 위해 노력하겠다는 다짐이었습니다.

그런데 돌이켜보니 나만 몰랐던 것 같습니다. 많은 사람들이 자신의 삶을 균형 있게, 적정 규모로 꾸리고 있었습니다. 자신의 진짜 욕구와, 남의 시선을 의식한 욕구를 현명하게 구분하면서 잘 살아가고 있는 사람들이 많았습니다.

몇 해째 매월 만나 책 취향을 나누고 있는 독서모임이 있는데요, 이 모임엔 연령대가 다양합니다. 심지어 제가 막내고요. 얼마 전 저의 발제 차례에 제니 오델 저자의 《아무것도 하지 않는 법》이라는 도서를 선정했습니다. 책은 모바일과 SNS가 끊임없이 우리의 주의를 가져가고 있는 사회에서, 어떻게 주의를 내 삶으로 가져올 것인가에 대한 방법을 들려주고 있습니다. 저는 매우 공감했습니다. SNS로 인해 저의 삶은 24시간 CCTV로 노출되는 듯한 느낌이 듭니다. 먹는 것도 운동을 하는 것도 모두 보여주기 위한 것이라는 생각이 듭니다. 나아가 제가 하는 일의 결과와 성과가 숫자로 보이고, 곧 나의 능력과 직결이 되다보니 쉽게 자존감에 타격을 입습니다. 끊임없이 '연결'되어 있는 것에 피로를 느낍니다.

그런데 그 자리에 있던 독서모임 회원님들은 저와 저자의 생각에 쉽게 공감하지 못하고 오히려 저를 안타까워했습니다. 이야기를 들어보니 이미 훨씬 주체적이고 능동적으로 자신의 시간과 삶을 통제하고 있다는 생각이 들었습니다. 역시 선배님들의 지혜는 구할 만한 것이라는 생각이 들고, 모두가 저처럼 소란한 삶을 사는 것도 아니라는 생각이 들었습니다.

꼭 성장하지 않아도 된다는 깨달음이 나만의 늦은 깨달음이라는 생각이 들자, 그보다는 그저 나의 짠내 나는 회사 밖 생존기를 담담하게 고백하기로 했습니다. 유튜브를 하면서 먹고는 살 수 있었는지, 회사가 주는 많은 베네핏을 포기하는 것에 후회는 없는지, 어떤 점이 좋은지 어떤 점은 괴로운지 솔직하게 써내려갔습니다. 퇴사가 한동안 유행하면서 퇴사에 대한 책은 많지만, 퇴사해서 10년간 야생에서 살아보니 어땠다는 후기 정도로 참조가 되었으면 좋겠습니다.

덧붙여, 이 책이 세상에 나오게 된 이야기를 빼놓을 수가 없습니다. 5년이 넘게 무수히 많은 책을 기계적으로 읽다 보니 남이 열심히 노력해서 만든 생각을 요약해서 전달하는 일에 염증을 느꼈습니다. 다른 사람의 생각의 정수를 단지 몇 시간 읽고 엑기스를 빼다 쓰는 일이 부끄럽기도 했습니다. 책을 써야겠다는, 나도 이제 할 말이 속에 드글드글 끓는다는 느낌이 들 때쯤, '공백의 책단장'이라는 채널을 운영하는 북튜버 공백님과 뜻이 통했습니다.

처음에는 그저 "우리 한번 책을 써봐요!" 정도였지만, 몇 번의 계절이 지나는 동안 책을 쓰지 못하고 그대로인 서로를 확인했습니다. 사실 책을 쓰고 싶은 마음은 있었지만, 우리의 삶에 아무 일도 일어나지 않았던 거죠. 그래서 저는 공백님과 '아무 일'을 만들어보기로 했습니다. 1월이었습니다. 우리는 책 쓰기 프로젝트를 꾸몄고, 우리가 책에 도전해서 출간되기까지를 영상으로 담아보기로 했습니다. 성격 급한 저는 1년 뒤 우리 손에 책이 들려있기를 목표했습니다.

우리는 작가님과 출판사 편집자님을 만나 조언을 구했습니다. 그 내용을 영상으로 담았고, 조언을 바탕으로 기획안을 몇 번이나 고쳐 가면서 동시에 글을 계속 써내려갔습니다. 우리가 스스로 글을 쓰기에 너무 게으르다고 생각할 때는 온라인 글쓰기 작업실을 열었습니다. 신청한 사람들과 줌을 켜놓고 오전에는 공백 님이, 밤에는 제가 두 시간씩 글을 썼습니다. 동시에 우리는 열심히 투고를 했습니다. 내 책이 나왔으면 하는 출판사를 쭉 리스트업해보고 한번에 하나씩 부딪쳐봤습니다. 처음에는 자신이 있었지만, 정성스러운 고사를 몇 번 당하니 자신감이 없어졌습니다.

실제로 편집자님들께 아주 정중한 거절을 열 번 정도 당했을 때야, 제 책을 내 줄 곳이 없다는 것을 깨달았습니다. 무엇보다 여기에 담은 이 이야기가 사람들이 궁금해하지 않을 이야기라는 사실을 확인했습니다. 그럼에도 제 이야기를 세상에 너무 하고 싶었습니다. 저는 자비로 출판하기로 했습니다. 그렇습니다. 이 책은 지은이도, 펴낸이도 이가희입니다. 열심히 용역을 통해 번 쌈짓돈을 털어 제 책을 내게 되었습니다. 출판에 관한 좌충우돌 이야기는 저희 영상 〈깨어나세요 작가님〉을 통해서, 또 다른 루트를 통해서 꼭 더 들려드릴 기회가 있었으면 좋겠습니다. 다행히 공백님은 좋은 출판사에서 제안을 받았습니다. 어쨌든 그렇게 해서 책이 세상에 나오게 되었습니다. 처음 의기투합한 그 1월 이후, 세 번째 1월이 돌아올 즈음에야 책을 세상에 선보이게 되었습니다.

이 일련의 방식이, 회사 밖에서 제가 일을 하는 모습입니다. 좋아하는 일을, 좋아하는 사람과 무작정 시작해 좌충우돌 삐걱삐걱 나아갑니다. 이 책을 함께 만들어주신 이들, 모두 제가 너무 좋아하는 사람들입니다. 모든 과정이 너무 즐거웠습니다. 이 책으로 돈 벌 수 있을까요? 아유, 돈 생각하면 못하죠. 책이 나와도 아마 높은 확률로 아무 일도 일어나지 않을 겁니다. 세상은 그만큼 녹록하지 않으며, 좌충우돌하면서 겨우 조금 나아갈 뿐이죠. 프리랜서의 유일한 장점이라면, 하고 싶은 건 다 해도 됩니다. 그게 비록 아주 미미한 파동에 지나지 않더라도요.

이 책의 에필로그를 쓰는 지금은 다시 '과로사' 직전입니다. 열심히 하지 않겠다던 이 책의 다짐은 다 어디로 간 걸까요. 하지만 과로사와 아사를 넘나드는 사이클을 몇 번 겪고 나니 그 다음 고비가 올 때는 조금, 아주 조금씩은 더 편안해 지는 것 같습니다.

자유와 불안 사이를 오가는 모든 사람들의 안녕을 바랍니다.

자유롭기도 불안하기도
초판 1쇄 발행 2022년 12월 17일

지은이 이가희
펴낸이 이가희

편　집 뉴돛 기획편집팀
디자인 강소금
마케팅 조히라

펴낸곳 찌판사　출판등록 2022년 1월10일 제2022-000010호
이메일 publish@newdhot.com

ⓒ 이가희
ISBN 979-11-978286-3-8 (03810)

* 책값은 뒤표지에 적혀 있습니다.
* 잘못 만든 책은 구입하신 서점에서 바꾸어 드립니다.
* 이 책은 저작권법에 따라 보호받는 저작물이므로 무단전재와 무단복제를 금합니다.